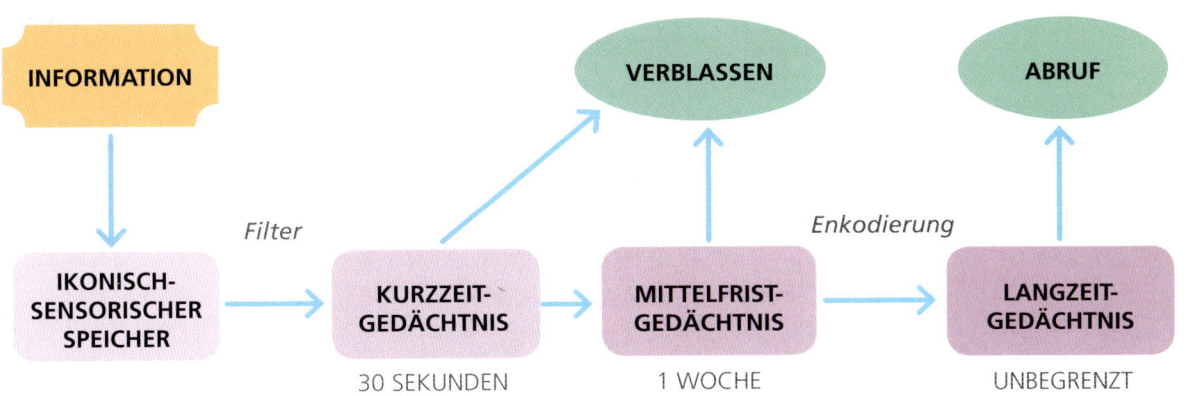

Mehr-Speicher-Modell

Autofahren oder das Schnürsenkelbinden im prozeduralen Gedächtnis gespeichert, auch Verhaltensgedächtnis genannt. Das deklarative Gedächtnis, das auch Wissensgedächtnis heißt, speichert hingegen Dinge wie Daten. Das deklarative Gedächtnis unterteilt sich ebenfalls in verschiedene Bereiche: Das episodische Gedächtnis speichert Begebenheiten und Ereignisse des Lebens. Ein spezieller Bereich ist hier das biografische Gedächtnis, das alle wichtigen persönlichen Erfahrungen aufnimmt und eine der wichtigsten Gedächtnisarten ist, da es unser Selbstbild bestimmt.

Im Alltag klagen wir häufig über ein schlechtes Gedächtnis, wenn etwas nicht so läuft, wie wir es gerne hätten – wenn uns beispielsweise das Passwort zu einem Online-Account nicht einfällt oder wir beim Einkauf genau das eine Teil vergessen, das wir eigentlich dringend besorgen wollten. Ein gezieltes Training aller Gedächtnisspeicher kann zu einem besseren Kurzzeit- und Langzeitgedächtnis verhelfen und das Gedächtnis unter Umständen sogar im Alter stärken.

KOGNITION

Sind Erinnerungen die Zutaten in unserer geistigen »Speisekammer«, dann ist die Kognition die Fähigkeit, daraus etwas zu kochen. Und genau wie beim Kochen gibt es auch bei der Kognition verschiedene Disziplinen. Der eine kann toll Gemüse schneiden und gut backen, aber dafür weder einen Braten zerlegen noch eine Sauce würzen. Man kann auf einem Kognitionsgebiet sehr gut sein, auf einem anderen aber durchaus etwas Übung benötigen.

Verbale oder linguistische Begabung beschreiben das Sprachvermögen. Es ermöglicht uns beispielsweise, Kreuzworträtsel zu lösen, und legt fest, ob wir einen kompliziert aufgebauten Satz verstehen oder ein schwieriges Wort buchstabieren können.

Mustererkennung und räumliches Denken bestimmen unsere Fähigkeit, dreidimensionale Formen und Räume zu erkennen und sie uns vorstellen zu können. Davon hängt unser Orientierungssinn ab, also ob wir Karten lesen oder Dinge im Kopf drehen können.

Logisches Denken ist die Fähigkeit, Probleme rational zu durchdenken und zu lösen, egal ob sie Worte, Zahlen oder Symbole enthalten. Sie benötigen wir, um Codes zu knacken oder Rätsel wie Sudokus lösen zu können.

Abschließend fehlt noch die Kreativität, jener Bereich der Intelligenz, der uns erlaubt, neue und unerwartete Verbindungen zwischen Ideen herzustellen und originell und flexibel zu denken.

Dies ist bei Weitem kein vollständiges Abbild unserer Intelligenz. Emotionen und soziale Intelligenz sind zwei weitere Bereiche; sie haben damit zu tun, wie wir unsere eigenen Gefühle und die anderer erkennen, kontrollieren und mit ihnen umgehen. Emotionale Intelligenz ist jedoch viel subjektiver und persönlicher als rationale Intelligenz und daher kaum trainierbar.

JETZT ABER LOS!

Genug der Theorie. Schauen Sie sich auf der nächsten Doppelseite an, was Sie erwartet, und beginnen Sie dann mit Kapitel 1 (oder dem Kapitel, das Sie am meisten interessiert). Viel Spaß beim Gehirnjogging!

Was Sie erwartet

Noch mehr Brainpower beschäftigt sich gezielt mit den Herausforderungen des modernen Lebens. Die Kapitel haben bestimmte Schwerpunkte, zum Beispiel das Merken von Passwörtern und PINs oder alltägliche Gedächtnislücken à la »Wo hab ich nur meine Schlüssel?«. Gehen Sie die Übungen durch und lernen Sie hilfreiche Methoden für das Gedächtnistraining. Am Ende jedes Kapitels erfahren Sie, wie gut Sie abgeschnitten haben und was Sie verbessern können.

SO NUTZEN SIE DIESES BUCH

Das Buch ist in 13 Kapitel unterteilt, die sich mit den einzelnen Leistungsbereichen unseres Gehirns und den damit verbundenen Herausforderungen im Alltag befassen, beispielsweise mit PINs, Passwörtern, Terminen, Wegbeschreibungen usw. Sie können sich ganz nach Lust uns Laune erst mit den Kapiteln befassen, die Sie interessieren, oder das Buch für ein Rundum-Training systematisch durcharbeiten.

Mit dem Gedächtnis befassen sich die ersten sieben Kapitel. Die Kapitel 1, 2 und 3 trainieren das Kurzzeitgedächtnis, das Kapitel 4 das Mittelfristgedächtnis und die Kapitel 5, 6 und 7 das Langzeitgedächtnis. Sie alle enthalten praxisorientierte Aufgaben. In Kapitel 2 erfahren Sie beispielsweise, wie Sie sich Namen und Gesichter einprägen können. Kapitel 6 beschäftigt sich mit dem Alltagsproblem, das Unmengen an PINs und Passwörtern mit sich bringen, und Kapitel 7 erklärt Techniken zur gezielten Wiederholung.

Spezielle Bereiche der Intelligenz behandeln die restlichen Kapitel. Die Kapitel 8 und 9 befassen sich mit numerischem Denken, Kapitel 10 mit Sprachvermögen und Kapitel 11 mit Mustererkennung sowie räumlichem Denken. In Kapitel 12 geht es um logisches Denken, Rätsel und Codes, während Kapitel 13 sich mit Kreativität und lateralem Denken befasst.

Alle Kapitel beginnen mit einem Fragebogen, mit dem Sie sich testen können. Danach folgen sofort die praktischen Übungen für Ihr Gehirn-Workout. Außer in Kapitel 13 erhalten Sie am Ende jedes Kapitels eine Wertung, die Ihnen bei der Einschätzung hilft, auf welchen Gebieten Sie gut sind und wo Sie vielleicht etwas mehr Übung benötigen. In Kapitel 13 hingegen bewerten Sie sich selbst.

Die Stoppuhr zeigt an, dass bei einer Übung Zeitlimits angegeben sind.

Methoden zum Gedächtnistraining erscheinen in allen Gedächtniskapiteln und stellen hilfreiche Mnemotechniken für den Alltag vor.

Einleitung

Im Alltag stößt unser Gedächtnis oft an seine Grenzen. Mal fällt uns das richtige Passwort nicht ein, mal können wir uns die Namen all der vielen neuen Partygäste nicht merken. Wenn es Ihnen ähnlich geht, halten Sie hier einen Intensivkurs in Händen, der Ihnen hilft, mit solchen alltäglichen Denksportaufgaben fertig zu werden. Er bietet Ihnen Aufgaben und Rätsel, die das Gedächtnis trainieren. Sie erfahren etwas über verschiedene Trainingsmethoden und erhalten Tipps, wie Sie die Herausforderungen des Alltags selbstbewusst meistern können.

Bevor Sie aber mit dem geistigen Training beginnen, lassen Sie uns kurz darauf eingehen, wie das Gehirn arbeitet, und ein paar Fachbegriffe klären. Im Alltag nutzen wir unterschiedliche Gehirnleistungen, die sich grob in Gedächtnis- und Kognitionsleistungen einteilen lassen. Unser Gedächtnis ermöglicht es uns beispielsweise, beim Einkaufen Preise im Kopf zu behalten oder uns an Lernstoff aus der Schule zu erinnern. Kognition beschreibt unsere Denkleistung und umfasst unter anderem Intelligenz, Problemlösung, Kreativität und Sprachvermögen.

DAS GEDÄCHTNIS

Niemand weiß genau, wie das Gedächtnis funktioniert. Experimente lassen aber vermuten, dass das Mehr-Speicher-Modell ziemlich genau zutrifft. Nach diesem Modell gibt es verschiedene Speicherstadien. Informationen erreichen uns über unsere Sinne und werden nur für eine Sekunde im ikonisch-sensorischen Speicher gehalten. Automatische Filterprozesse schicken einige Informationen dann automatisch an das Kurzzeitgedächtnis.

Das Kurzzeitgedächtnis kann aber immer nur wenige Informationen gleichzeitig aufnehmen. Sie bleiben dort etwa 30 Sekunden erhalten, bevor sie entweder verblassen, überlagert oder durch Aufmerksamkeit oder Wiederholung verstärkt werden. Wenn Sie sich eine Telefonnummer merken wollen, um sie sofort zu wählen, benutzen Sie Ihr Kurzzeitgedächtnis – es ist unwahrscheinlich, dass Sie die Nummer über längere Zeit behalten. Wenn eine Information Sie aber interessiert, Sie emotional bewegt oder an eine bereits gespeicherte Information erinnert oder wenn Sie sich bewusst etwas einprägen wollen, kommt das Langzeitgedächtnis ins Spiel. Es kann unendlich viele Informationen unbegrenzt speichern, dorthin werden diese Inhalte übertragen. Das Wissen etwa, wie man Schnürsenkel bindet, ist Teil des Langzeitgedächtnisses – es ist »auf ewig« im Gedächtnis verankert.

Das Speichern im Langzeitgedächtnis wird auch Lernen oder Enkodieren genannt. Damit eine Information enkodiert werden kann, muss sie aber erst das Kurzzeitgedächtnis passieren. Die erlernte Information wird gespeichert, bis man sie benötigt. Dieses Bereitstellen wird Erinnern oder Abruf genannt. Enkodierung und Abruf sind die zwei Seiten einer Medaille – beide Schritte sind nötig, sonst kann man sich an nichts erinnern.

Es ist jedoch sinnvoll, ein drittes Stadium zwischenzuschalten. Im Mittelfristgedächtnis verwandelt sich eine Kurzzeiterinnerung in eine Langzeiterinnerung. Hier werden Informationen etwa eine Woche lang gespeichert. Dies sind die Informationen, die nicht sofort vom Kurzzeit- ins Langzeitgedächtnis übergehen, sondern irgendwann entweder ins Langzeitgedächtnis enkodiert werden oder verblassen und verloren gehen.

Das Langzeitgedächtnis wiederum hat ebenso verschiedene Spielarten. So werden Fähigkeiten wie das

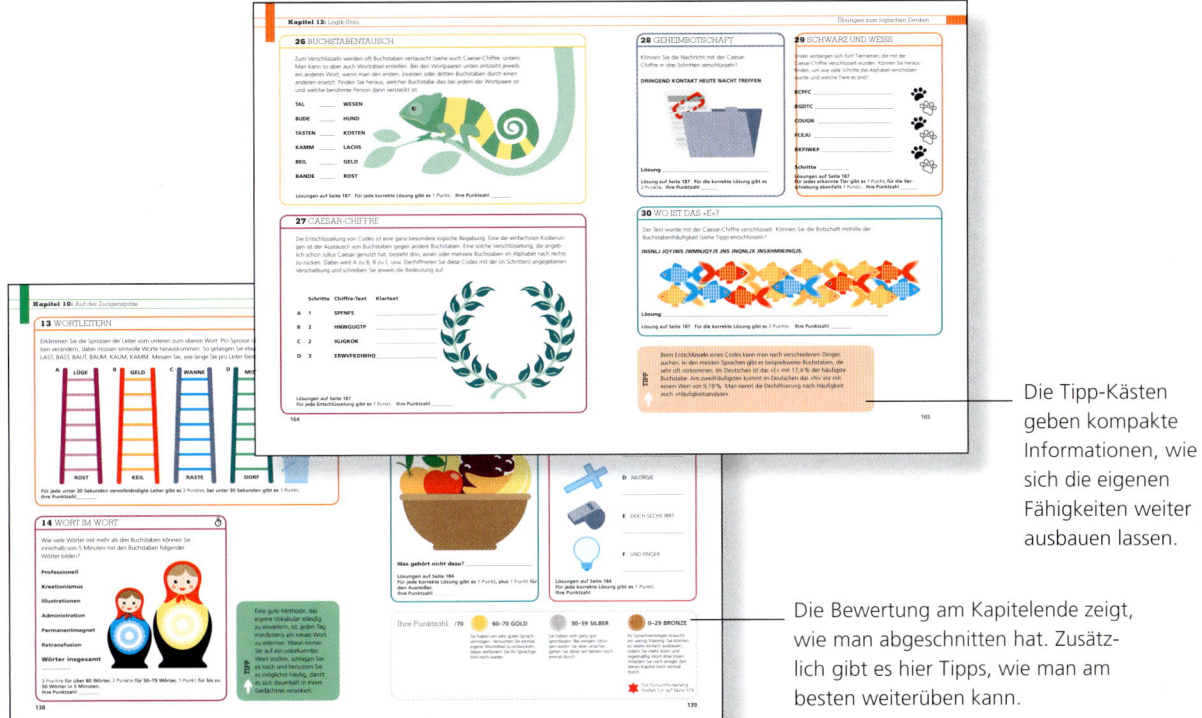

Die Tipp-Kästen geben kompakte Informationen, wie sich die eigenen Fähigkeiten weiter ausbauen lassen.

Die Bewertung am Kapitelende zeigt, wie man abgeschnitten hat. Zusätzlich gibt es hier Tipps, wie man am besten weiterüben kann.

METHODEN UND TIPPS

In den Gedächtniskapiteln finden Sie Erklärungen zu Methoden, mit denen Sie Ihr Gedächtnis verbessern können, diese werden Mnemotechniken genannt. Sie wurden von Gedächtniskünstlern entwickelt, die zu ganz erstaunlichen Leistungen fähig sind. Am Anfang mögen sie schwierig erscheinen, aber mit etwas Übung sind sie irgendwann selbstverständliche Routine. So wird Ihr Gedächtnis auch im Alltag leistungsfähiger. Zudem enthält jedes Kapitel Tipps, wie Sie Ihr Gedächtnis leicht trainieren können.

ZEITVORGABEN UND PAUSEN

Viele der Übungen geben Zeiten vor, die sich an alltäglichen Bedingungen orientieren. Diese Übungen sind mit einer Stoppuhr gekennzeichnet. Andere Übungen dagegen enthalten Pausen, zum Beispiel sollen Sie acht Blumenarten aufzählen, bevor Sie versuchen, sich an das zuvor Gemerkte zu erinnern. Diese Zwischenaufgaben sind eine Ablenkung, die verhindern soll, dass Sie die neuen Informationen wiederholen, bevor Sie sie wieder abrufen. Sie müssen sie nicht ausführen, sondern können in der Zwischenzeit auch etwas anderes tun. Das Wichtige ist, dass Sie sich mit etwas anderem beschäftigen.

LÖSUNGEN

Die Lösungen zu den Aufgaben in Kapitel 1 bis 12 finden Sie am Ende des Buches (für Kapitel 13 gibt es keine Lösungen). Addieren Sie Ihre Punkte und lesen Sie die Bewertung am Ende jedes Kapitels, um zu sehen, wie Sie abgeschnitten haben. Dies hilft Ihnen bei der Bewertung, welche Bereiche Sie vielleicht noch einmal trainieren und welche Methoden und Tipps Sie wiederholen sollten. Aber auch wenn Sie alles korrekt gelöst haben, können Sie sich immer noch verbessern. Versuchen Sie, die Übungen schneller zu lösen, und setzen Sie die Methoden und Tipps im Alltag um.

HERAUSFORDERUNGEN

Zu jedem Kapitel gibt es außerdem eine Herausforderung am Ende des Buches. Darin sind Übungen beschrieben, mit denen Sie die jeweiligen Fähigkeiten trainieren und in Ihren Alltag einbauen können. Sie bieten einen weiteren Ansatz für diejenigen, die bei den Übungen schlecht abgeschnitten haben. Aber auch dann, wenn Sie in einem Kapitel besonders gut waren, lohnt es sich, diese Aufgaben zu lösen. Mit ihnen können Sie Ihre geistigen Fähigkeiten weiter ausbauen oder verfeinern. Das beste Training für unser Gehirn ist die ständige Nutzung all seiner Bereiche – und dabei helfen die Herausforderungen.

KAPITEL 1

BLITZMERKER

Blitzmerker

Unser Kurzzeitgedächtnis (KZG) entspricht dem RAM (Random Access Memory) des Computers insofern, als wir schnellen Zugriff darauf haben. Die Informationen können aber auch schnell verändert oder gelöscht werden. Testen Sie, ob Ihr KZG gut arbeitet oder nachlässt.

FRAGEBOGEN

Mit diesem Fragebogen können Sie die Leistung ihres KZG schnell testen.

1 Betreten Sie häufiger einen Raum und stellen dann fest, dass Sie vergessen haben, warum sie hineingegangen sind?

Ja/Nein [1 Punkt für »Nein«]

2 Müssen Sie beim Beantworten einer E-Mail häufiger nach unten scrollen, um nachzulesen, wie die Frage lautete?

Ja/Nein [1 Punkt für »Nein«]

3 Wenn Ihnen jemand am Telefon eine Telefonnummer durchgibt, müssen Sie sie sofort mitschreiben oder können Sie bis nach dem Telefonat warten?

Schreiben/Warten [1 Punkt für »Warten«]

4 Sie haben sich ein Taxi zum Flughafen bestellt. Können Sie sich die Taxinummer merken, die Ihnen das Taxiunternehmen durchgibt, damit Sie den richtigen Wagen finden?

Ja/Nein [1 Punkt für »Ja«]

5 Wenn Sie nach dem Weg fragen und die Beschreibung hat mindestens sechs Stationen, müssen Sie unterwegs noch einmal nachfragen, bevor Sie Ihr Ziel erreichen?

Ja/Nein [1 Punkt für »Nein«]

6 Sie sind mit sechs Freunden in der Kneipe und wollen für alle bestellen. Schreiben Sie sich die Bestellung auf oder können Sie sich alles merken?

Aufschreiben/Merken [1 Punkt für »Merken«]

Wie haben Sie abgeschnitten?

0–2: Sie müssen sich um Ihr KZG kümmern. Helfen Sie ihm mit den folgenden Übungen auf die Sprünge und stellen Sie sich den Herausforderungen auf Seite 178.

3–4: Sie haben ein durchschnittliches KZG. Halten Sie es mit den Tests in diesem Kapitel auf Trab.

5–6: Sie haben ein ausgezeichnetes KZG! Schauen Sie, ob Sie in den folgenden Übungen Höchstwerte erzielen.

1 WAHLLOS GEGENSTÄNDE ERINNERN

Benennen Sie jedes dieser Objekte und buchstabieren Sie die Namen rückwärts. Dann decken Sie die Abbildung ab und versuchen Sie, alle Begriffe aus dem Gedächtnis aufzulisten.

1 _____

2 _____

3 _____

4 _____

5 _____

6 _____

7 _____

8 _____

8/8: 1 Punkt

Ihre Punktzahl _____

2 WO HAST DU DIESEN HUT HER?

Welche der Kopfbedeckungen passt nicht ins Bild? Wenn Sie den »Sonderling« entdeckt haben, schreiben Sie die verschiedenen Huttypen aus dem KZG auf.

1 _____

2 _____

3 _____

4 _____

5 _____

6 _____

6/6: 1 Punkt

Ihre Punktzahl _____

Lösung auf Seite 180

13

3 DIESE KARTEN ZERSTÖREN SICH SELBST

529661

4810246

02985385

942077312

3826564902

Sie sind bei einer Spionagekonferenz und einige Delegierte haben Ihnen ihre Visitenkarte mit ihrer Spionnummer gegeben. Leider zerstören die Karten sich nach 30 Sekunden von selbst. Können Sie sich die Nummern merken? Lesen Sie jede der Zahlen einmal, decken Sie sie dann ab und schreiben Sie sie auf.

Wie lang ist ihre längste korrekte Zahl?
10 Stellen: 5 Punkte
9 Stellen: 4 Punkte
8 Stellen: 3 Punkte
7 Stellen: 2 Punkte
6 Stellen: 1 Punkt
Ihre Punktzahl _____

4 EIN BESUCH IM ZOO

Prägen Sie sich die abgebildeten Tiere 30 Sekunden lang ein. Decken Sie dann die Abbildung ab und versuchen, alle neun aufzulisten.

1 _____

2 _____

3 _____

4 _____

5 _____

6 _____

7 _____

8 _____

9 _____

9/9: 3 Punkte
8/9: 2 Punkte
7/9: 1 Punkt

Ihre Punktzahl _____

5 DIE VÖGEL

Jetzt wird es schwieriger, denn diese neun Tiere sind sich sehr ähnlich. Prüfen Sie, an wie viele sich Ihr KZG nach 30 Sekunden Einprägezeit erinnert.

1 _____

2 _____

3 _____

4 _____

5 _____

6 _____

7 _____

8 _____

9 _____

9/9: 3 Punkte
8/9: 2 Punkte
7/9: 1 Punkt

Ihre Punktzahl _____

6 WAS LÄSST SICH SCHNEIDEN?

Kreisen Sie die Objekte ein, die sich mit einem einfachen Messer zerteilen lassen.

Lösung auf Seite 180

Decken Sie die Abbildung ab und beantworten Sie folgende Fragen. Obwohl Sie sich die Objekte nicht aktiv eingeprägt haben, hat Ihr KZG sie wahrscheinlich recht genau gespeichert.

**Womit ist der
Kuchen dekoriert?** _____

**Was ist auf der Seite des
Kessels zu sehen?** _____

**Welche Farbe hat das Kabel
des Bügeleisens?** _____

Wie viele Kugeln Eis sind im Hörnchen?

_____

Für jede korrekte Antwort gibt es 1 Punkt.

Ihre Punktzahl _____

7 IM SUPERMARKT

Diese Übung zeigt, dass unser KZG Gegenstände mit Orten verbindet und sie in Gruppen zusammenfasst, ohne dass wir es merken. Welche der Lebensmittel essen Sie lieber gekocht, welche roh? Markieren Sie sie mit »K« für gekocht und »R« für roh und decken Sie die Abbildung dann ab.

FRISCHEABTEILUNG

THEKE

REGAL

Wo lagen die einzelnen Lebensmittel?

Frische　1 _____　2 _____　3 _____

Theke　1 _____　2 _____　3 _____

Regal　1 _____　2 _____　3 _____

Für jede korrekte Produktgruppe gibt es 1 Punkt.

Ihre Punktzahl _____

15

8 KNEIPENNAMEN

Prägen Sie sich jedes der acht Schilder 5 Sekunden lang ein und decken Sie die Abbildungen dann ab. Nun ergänzen Sie rechts die fehlenden Farben und Kneipennamen.

8 Farben und Namen/8: 5 Punkte **7/8:** 4 Punkte
6/8: 3 Punkte **5/8:** 2 Punkte **4/8:** 1 Punkt

Ihre Punktzahl _____

Zum roten Hund

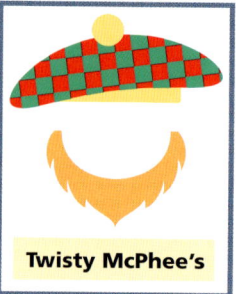

Twisty McPhee's

Truck Stop

Die Sportbar

Malteser-Kreuz

Zur Lok

Oma Kleinmann

Obst-Lounge

9 VERKEHRSSCHILDER

Die Polizei geht gegen unachtsame Fahrer vor, die Schilder einfach ignorieren. Prägen Sie sich jede Schilderreihe 10 Sekunden lang ein, decken Sie sie dann ab und beantworten Sie die darunterstehende Frage.

Für jede korrekte Antwort gibt es 1 Punkt.

Ihre Punktzahl _____

Die Sackgasse ist das _____ Schild von links.

Das Stoppschild ist das _____ Schild von links.

Achtung: Bärenangriffe ist das _____ Schild von links.

Weggabelung ist das _____ Schild von links.

10 IM KOPF GEMALT

Können Sie ein Bild lange genug im Kopf behalten, um es auf Papier festhalten zu können? Folgen Sie den Anweisungen in Gedanken, decken Sie diese dann ab und zeichnen Sie das Bild, das Sie vor Ihrem geistigen Auge sehen.

Stellen Sie sich einen Kreis vor.
Ein Quadrat passt genau so in den Kreis hinein, dass es ihn berührt.
Eine von links oben nach rechts unten laufende Diagonale halbiert das Quadrat.
Oben auf dem Kreis sitzt ein kleines Dreieck.
In der linken unteren Ecke des Quadrats ist ein schwarzer Punkt.

Sieht Ihr Bild aus wie das Lösungsbild auf Seite 180, gibt es 2 Punkte.

Ihre Punktzahl _____

11 ALLE MEINE ENTCHEN

Sie stecken im Stau, weil sieben ungewöhnliche Enten hintereinanderweg die Straße überqueren. Sehen Sie sich die obere Entenreihe an, decken Sie sie ab und betrachten Sie dann
die untere Reihe. Kreisen Sie die Enten ein, die nicht auf der Straße zu sehen waren.

Lösung auf Seite 180   **Für jede korrekt aussortierte Ente gibt es 1 Punkt. Ihre Punktzahl** _____

12 PFADFINDER

Sie führen eine Bergsteigergruppe durch schwieriges Gelände. Leider können Sie nur einen
kurzen Blick auf Ihre Karte werfen, bevor der Wind sie Ihnen entreißt. Prägen Sie sich die Karte
links 30 Sekunden lang ein, decken Sie sie dann ab und vervollständigen Sie die Karte rechts.

Haben Sie sich an alle Orientierungspunkte erinnert, gibt es 1 Punkt. Ihre Punktzahl _____

13 DIE LIEBEN KLEINEN

Ihr kleines Kind hat die Schublade Ihrer Schmuckschatulle ausgeräumt und fünf Schmuckstücke auf dem Nachttisch liegen lassen. Das erste Bild zeigt die Schublade, bevor Ihr Kind dran war. Prägen Sie sich das Bild 30 Sekunden lang ein, decken Sie es ab und verbinden Sie dann die Schmuckstücke unten durch Striche mit ihrem ursprünglichen Platz in der Schatulle.

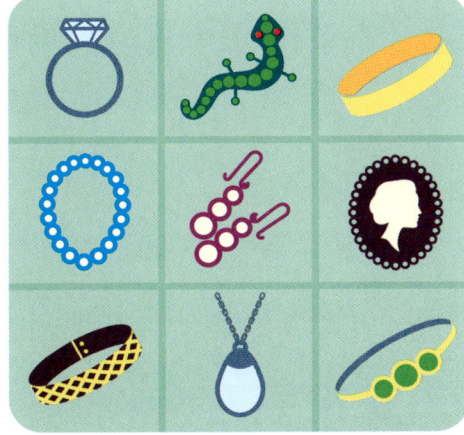

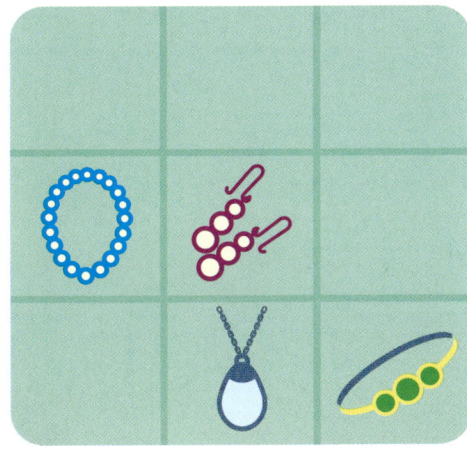

Für jedes korrekt in die Schmuckschatulle einsortierte Schmuckstück gibt es 1 Punkt.

Ihre Punktzahl _____

14 SCHATZINSEL

Ein betrunkener Pirat gibt Ihnen eine Schatzkarte und erklärt Ihnen genau, wie der Schatz zu finden ist – bevor er in Ohnmacht fällt. Lesen Sie die Anweisungen einmal durch und decken Sie sie dann ab. Zeichnen Sie den Weg ab dem Startpunkt X in die Karte ein.

Anweisungen

A Nach Norden, bis du die dritte Palme erreichst, dann nach Westen.
B Durch den Sumpf und den Fluss bis zur Höhle.
C Nach Norden über die Berge zum Strand.
D Nach Osten am Fluss entlang bis zum dritten Wasserfall, dann über den Fluss.

Wo sind Sie ausgekommen? _____

Lösung auf Seite 180
Für den korrekten Zielpunkt gibt es 2 Punkte.

Ihre Punktzahl _____

19

15 RENNSTÄLLE

Es gibt Aufregung beim Grand Prix: Wegen des schlechten Wetters sind die Wagen mit Schlamm verschmiert und die Lackierungen nicht mehr zu erkennen. Können Sie mithilfe der Beschreibungen und des Programms (rechts) die Teamfarben rekonstruieren? Decken Sie die Beschreibungen nach dem Lesen ab und färben Sie dann die Wagen ein. Wenn Sie keine Farbstifte haben, tragen Sie einfach die Farbbezeichnungen ein.

Team Blitz
Grüner Frontspoiler, blaue Nase, rotes Cockpit, orange Karosserie, gelber Heckspoiler.

Team Sprint
Blauer Frontspoiler, orange Nase, gelbes Cockpit, blaue Karosserie, grüner Heckspoiler.

Team Super-X
Roter Frontspoiler, orange Nase, grünes Cockpit,

gelbe Karosserie, blauer Heckspoiler.

Team Warp-Antrieb
Blauer Frontspoiler, rote Nase, oranges Cockpit, grüne Karosserie, gelber Heckspoiler.

Team Sport
Gelber Frontspoiler, orange Nase, rotes Cockpit, blaue Karosserie, grüner Heckspoiler.

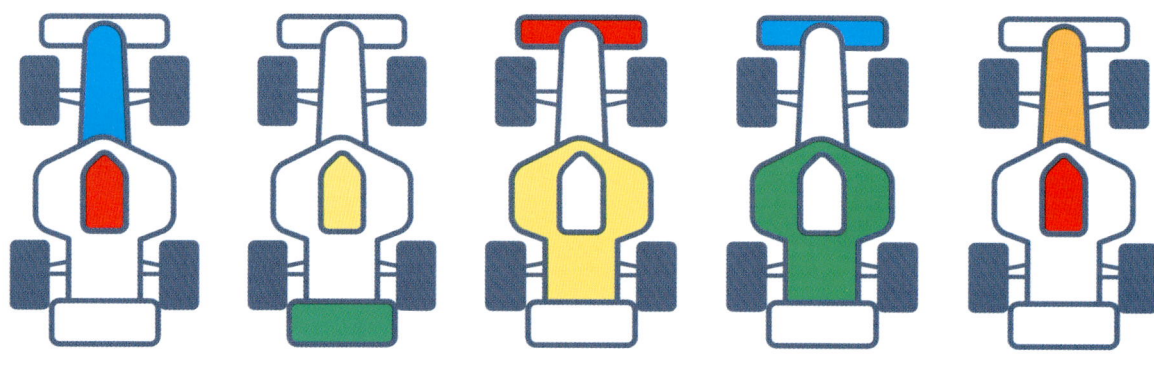

Team Blitz   **Team Sprint**   **Team Super-X**   **Team Warp-Antrieb**   **Team Sport**

Für jeden korrekt lackierten Teamwagen gibt es 1 Punkt. Ihre Punktzahl _____

16 SINNZUSAMMENHÄNGE

A Bei einem Tennisturnier: Lebenswichtig sind Schutz, Wasser und Nahrung.

B Im Bus: Das Zeichen für das chemische Element Gold ist Au.

C Im Regen: Die Hauptstadt von Uruguay ist Montevideo.

Das Problem mit dem KZG ist, dass Informationen nicht nur schnell hineingehen, sondern genauso schnell wieder herausfallen. Eine Möglichkeit, sie dort fester zu verankern, besteht darin, jeweils auf den Zusammenhang zu achten. Lesen Sie die drei Fakten im Zusammenhang mit der angegebenen Situation. Später in diesem Kapitel werden Sie dazu befragt.

17 HERAUSFORDERUNG IM SCHACH

Sie sitzen im Park und spielen Schach. Der Wind bläst ihnen ständig die Figuren um. Prägen Sie sich die Aufstellungen links jeweils 30 Sekunden ein. Dann decken Sie die Abbildung ab und übertragen sie in das leere Feld daneben.

Für jede korrekte Aufstellung gibt es 2 Punkte.

Ihre Punktzahl _____

TIPP

Wie der Name schon sagt, bleiben Informationen im KZG nur kurz erhalten. Sofortige Wiederholungen verhindern dies. Wiederholen Sie eine Information mehrfach im Kopf oder – noch besser – sprechen Sie sie mehrmals laut aus.

18 KIMS GEDÄCHTNISTRAINING

In Rudyard Kiplings Roman »Kim« aus dem Jahr 1901 gehört Gedächtnistraining zur Ausbildung eines Spions. Prägen Sie sich die unten abgebildeten Objekte 30 Sekunden lang ein und decken Sie sie dann ab. Listen Sie möglichst viele der Objekte auf einem Blatt Papier auf.

14–15: 3 Punkte
12–13: 2 Punkte
10–11: 1 Punkt

Ihre Punktzahl _____

METHODE: CHUNKING

Chunking bezeichnet die Bündelung von Informationen. Unser KZG kann nur etwa sieben Informationen gleichzeitig behalten. Wenn man aber mehrere Informationen zu einem Objekt bündelt, passt unter Umständen mehr hinein. Prägen Sie sich diese 14 Objekte als sieben Paare ein. Decken Sie sie ab, warten Sie 30 Sekunden und listen Sie dann möglichst viele der Objekte auf einem separaten Blatt Papier auf.

19 KIMS GEDÄCHTNISTRAINING (SCHWER)

Die abgebildeten Objekte ähneln sich stärker als die Objekte in Übung 18, sie sind also weniger einprägsam. Stellen Sie Paare zusammen, prägen Sie sich diese 30 Sekunden lang ein, decken Sie die Abbildung ab und versuchen Sie dann, die Objekte aufzulisten.

**14: 5 Punkte 12–13: 4 Punkte
10–11: 3 Punkte 7–9: 2 Punkte
6: 1 Punkt**

Ihre Punktzahl _____

20 KIMS GEDÄCHTNISTRAINING (HÖLLISCH SCHWER)

Nur wahre Gedächtniskünstler könnten diese Herausforderung meistern! Bündeln Sie Objekte und prägen Sie sich diese 30 Sekunden lang ein. Decken Sie die Abbildung ab und versuchen Sie, möglichst viele der Objekte aufzulisten.

**25–30: 10 Punkte 17–24: 8 Punkte
12–16: 6 Punkte 10–11: 4 Punkte
8–9: 3 Punkte 6–7: 2 Punkte 5: 1 Punkt**

Ihre Punktzahl _____

21 SINNZUSAMMENHÄNGE

A Beim Tennisturnier

Fakt: _____

_____

_____

B Im Bus

Fakt: _____

_____

_____

C Im Regen

Fakt: _____

_____

_____

In Übung 16 wurden Sie gebeten, sich verschiedene Informationen zu merken. Können Sie sich mithilfe des Zusammenhangs daran erinnern?

Für jede erinnerte Information gibt es 1 Punkt.

Ihre Punktzahl _____

22 VERBLASSEN

Das KZG ist sehr durchlässig, Informationen können einfach verblassen und verschwinden. Menschen, bei denen das seltener passiert, haben ein besseres Gedächtnis. Mit ein paar Fragen können Sie testen, wie lange Ihr KZG Informationen behält:

1. Listen Sie zwei Huttypen aus Übung 2 »Wo hast du diesen Hut her?« auf.

_____ _____

2. Welcher der Hüte war der »Sonderling« in dieser Übung? _____

Für jede korrekte Antwort gibt es 1 Punkt.

Ihre Punktzahl _____

3. Zählen Sie vier der Tiere aus Übung 5 »Die Vögel« auf.

_____ _____

_____ _____

4. Benennen Sie eines der Objektpaare aus dem Methoden-Kasten »Chunking«. _____

5. Zählen Sie zwei Objekte aus »Kims Gedächtnistraining« (Übung 18) auf.

_____

_____

23 HINTERGRUNDRAUSCHEN

Wer abgelenkt ist, dem fällt es viel schwerer, Informationen im KZG zu speichern. Probieren Sie es aus: Rechts sehen Sie ein Blatt aus fünf Karten. Können Sie es sich in 30 Sekunden einprägen, während Sie gleichzeitig in Dreierschritten von 113 rückwärts zählen (110, 107, 104 etc.)? Decken Sie die Karten anschließend ab und schreiben Sie das Blatt auf.

5/5: 2 Punkte 4/5: 1 Punkt Ihre Punktzahl _____

24 STÖRENDE OBJEKTE

Ein weiteres Problem für das KZG sind Interferenzen. Kommt eine neue Information ins KZG und stößt dort auf eine ältere, wird Letztere überlagert und gelöscht. Wie gut kommen Sie mit Interferenzen zurecht?

A Prägen Sie sich die abgebildeten Objekte 30 Sekunden lang ein. Decken Sie sie dann ab und gehen Sie zu Aufgabe B weiter.

B Kreisen Sie das Objekt in dieser Gruppe ein, das nicht dazugehört.

Lösung auf Seite 180

C Können Sie sich an die Objekte aus Teil A erinnern?

1 _____   5 _____

2 _____   6 _____

3 _____   7 _____

4 _____

7/7: 3 Punkte 5–6/7: 2 Punkte 3–4/7: 1 Punkt

Ihre Punktzahl _____

25 STÖRENDE ZAHLEN

Auch mit dieser Übung können Sie testen, wie gut Sie mit Interferenzen zurechtkommen.

A Prägen Sie sich die folgende Zahlenreihe 10 Sekunden lang ein, dann decken Sie sie ab: **4 2 9 0 6 4 8.**

B Welche Spielkarte kommt in dieser Reihe als nächste?

_____

Lösung auf Seite 180

C Wie lauten die Zahlen, die Sie sich eingeprägt haben?

_____

7/7: 2 Punkte 6/7: 1 Punkt

Ihre Punktzahl _____

26 NATURWUNDER

Es ist viel einfacher, Informationen aus dem KZG abzurufen, wenn man ein Stichwort oder eine Eselsbrücke hat. Prägen Sie sich die Naturwunder mit ihren Ländern 30 Sekunden lang ein und decken Sie die Abbildungen dann ab.

Salto Ángel: Venezuela   **Mount Everest:** Nepal

Tafelberg: Südafrika

Great Barrier Reef: Australien

Blaue Grotte: Italien

Kilimandscharo: Tansania

Grand Canyon: USA

Schreiben Sie nun jedes Naturwunder hinter das Land, zu dem Sie es sich gemerkt haben.

Australien: _____

Nepal: _____

Tansania: _____

Italien: _____

USA: _____

Südafrika: _____

Venezuela: _____

Für jede korrekte Antwort gibt es **1 Punkt**.

Ihre Punktzahl _____

27 LIEBESBANDE

Informationen sind oft einprägsamer, wenn sie in einem emotionalen Zusammenhang stehen. Prägen Sie sich die Beziehungen der folgenden Personen ein, decken Sie die Abbildungen ab und beantworten Sie dann die Fragen.

Ben und Omar sind alte Schulfreunde.

Theo und Käthe sind seit 40 Jahren verheiratet.

Dieter ist in Zilli verliebt.

Jörg und Elena bekommen ein Baby.

Bernd und Jessica lassen sich scheiden.

David und Karin haben eine Affäre.

Josephine und Carolina sind ein-eiige Zwillinge.

Welches Paar bekommt ein Baby? _____

Für die korrekte Antwort gibt es **1 Punkt**.

Ihre Punktzahl _____

METHODE: ASSOZIATIONEN

Eine andere Methode, Informationen stärker im KZG zu verankern, besteht darin, sie durch Assoziationen mit bereits bekannten Informationen zu verbinden, beispielsweise mit Namen und Gesichtern von Prominenten. Wenn Sie sich ein Blatt Karten merken möchten, geben Sie jeder Karte einen berühmten Namen. Prägen Sie sich die Karten unten 30 Sekunden lang mit den dazugehörenden Stars ein. Dann decken Sie die Abbildung ab und listen drei Ihrer Lieblingsfilme auf. Können Sie sich mithilfe der Assoziationen noch an die Karten erinnern?

Brad Pitt   **Angelina Jolie**   **Mark Zuckerberg**   **Bill Gates**   **Meryl Streep**

28 GETRÄNKEBESTELLUNG

Sie sind an der Reihe, an der Bar eine Runde Getränke zu bestellen, haben aber weder Stift noch Zettel zur Hand, um die Wünsche zu notieren. Prägen Sie sich die Getränke mit den Namen und Gesichtern Ihrer Freunde ein. Können Sie sich merken, wer was trinken möchte?

Karl möchte **Sekt**.

Andreas möchte einen **Martini**.

Martin nimmt ein **helles Bier**.

Birgit trinkt ein Glas **Rotwein**.

Verena trinkt ein **dunkles Bier**.

Dieter möchte ein **Pils**.

_____
_____
_____
_____
_____
_____

6/6: 3 Punkte **5/6:** 2 Punkte
4/6: 1 Punkt

Ihre Punktzahl _____

Ihre Punktzahl **/100**

 80–100 GOLD

Ihr KZG ist hervorragend. Die Herausforderung auf Seite 178 kann Ihnen dabei helfen, dass das so bleibt.

 30–79 SILBER

Ihr KZG könnte besser sein. Lesen Sie sich noch einmal die Tipps zur Stärkung des KZG durch und üben Sie auf Seite 178 weiter.

 0–29 BRONZE

Ihr KZG braucht Training. Wiederholen Sie deshalb die Aufgaben in diesem Kapitel.

 Die Herausforderung finden Sie auf Seite 178.

Partyspiele

Das Gehirn des Menschen und seine Funktionen sind besonders darauf abgestimmt, Gesichter zu erkennen. Leider lässt uns unser Gedächtnis oft im Stich. Häufig können wir Namen und Gesichter nicht aus dem KZG ins Langzeitgedächtnis übertragen.

FRAGEBOGEN

Mit diesem Fragebogen finden Sie schnell heraus, wie gut Sie sich Namen und Gesichter merken können.

1 Auf einem längeren Flug kommen Sie mit Ihrem Sitznachbarn ins Gespräch. Müssen Sie mehrfach nach seinem Namen fragen?

Wahrscheinlich/unwahrscheinlich
[**1 Punkt** für »unwahrscheinlich«]

2 Auf einer Konferenz wird Ihnen jemand vorgestellt, der kein Namensschild trägt. Können Sie sich am nächsten Tag noch an den Namen der Person erinnern?

Ja/Nein
[**1 Punkt** für »Ja«]

3 Bei einer Familienfeier treffen Sie auf einen entfernten Cousin, den Sie 15 Jahre nicht gesehen haben. Erinnern Sie sich an seinen Namen?

Wahrscheinlich/unwahrscheinlich
[**1 Punkt** für »wahrscheinlich«]

4 Kennen Sie die Namen des Ehemanns und der Kinder einer Kollegin und können Sie beschreiben, wie sie aussehen?

Wahrscheinlich/unwahrscheinlich
[**1 Punkt** für »wahrscheinlich«]

5 Sie gehen auf eine Party, direkt an der Tür stellt der Gastgeber Ihnen jemanden vor. Würden Sie die Person nach mehreren Stunden Gespräch mit anderen Gästen wiedererkennen?

Wahrscheinlich/unwahrscheinlich
[**1 Punkt** für »wahrscheinlich«]

6 Ihre kleine Tochter erzählt Ihnen von ihrem neuen Schulfreund. Am nächsten Tag bringt sie ihn nach der Schule mit nach Hause. Können Sie sich an seinen Namen erinnern?

Wahrscheinlich/unwahrscheinlich
[**1 Punkt** für »wahrscheinlich«]

Wie haben Sie abgeschnitten?

0–2: Sie sollten an Ihrem Namens- und Gesichtergedächtnis arbeiten, sonst könnten Sie in peinliche Situationen geraten. Nutzen Sie die Methoden und Übungen in diesem Kapitel, um eben jenen Bereich Ihres Gedächtnisses zu verbessern.

3–4: Ihr Gedächtnis für Namen und Gesichter ist durchschnittlich. Mit den Methoden und Übungen in diesem Kapitel können Sie es verbessern.

5–6: Ihr Gedächtnis für Namen und Gesichter ist beeindruckend. Mit den Übungen in diesem Kapitel können Sie es weiter trainieren.

1 UNGEWÖHNLICHE GESICHTER

Peter   **Nadine**   **Henry**   **Anna**   **Karl**

Am einfachsten können wir uns Gesichter mit hervorstechenden Merkmalen merken. Prägen Sie sich die Gesichter der oberen Reihe, ihre Besonderheiten und die dazugehörigen Namen 30 Sekunden lang ein. Decken Sie sie ab, zählen Sie von 30 rückwärts und schreiben Sie dann die Namen unter die Gesichter in der zweiten Reihe.

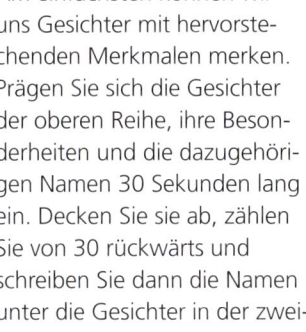

5/5: 1 Punkt

_____ _____ _____ _____ _____   **Ihre Punktzahl** _____

2 GESICHTER OHNE BESONDERE MERKMALE

Gesichter, die über keine Auffälligkeiten verfügen, sind weniger einprägsam, aber mit etwas Training gelingt auch das. Prägen Sie sich die Namen und Gesichter der oberen Reihe 1 Minute lang ein. Decken Sie sie ab und zählen Sie die Monate mit weniger als 31 Tagen auf. Dann schreiben Sie die Namen unter die Gesichter der unteren Reihe.

Frank   **Karla**   **Abdul**   **Matthias**   **Anne**

_____ _____ _____ _____ _____

5/5: 2 Punkte 4/5: 1 Punkt Ihre Punktzahl _____

TIPP ↑

Das Namensgedächtnis lässt sich ganz einfach dadurch verbessern, dass man einen neuen Namen sofort wiederholt. Dadurch prägt er sich stärker ein und ist leichter abrufbar. Sie können diese Wiederholung unauffällig in Ihre Begrüßung einbauen, indem Sie sie als Frage formulieren. Sagen Sie beispielsweise: »Arthur Beeler, habe ich das richtig verstanden? Schreibt sich Ihr Name mit Doppel-E oder mit E-H?« Üben Sie so mit jedem neuen Namen.

METHODE: NAMEN NACH ORT MERKEN

Eine Methode, sich Namen besser zu merken, besteht darin, sie mit einem Ort zu verbinden. Stellen Sie sich vor, Sie sind mit einer Reisegesellschaft nach Barcelona geflogen. Auf dem Rückflug sitzen alle Teilnehmer wieder auf denselben Sitzen, tragen aber keine Namensschilder. Prägen Sie sich die Namen der Mitreisenden mithilfe des Sitzplans 1 Minute lang ein und decken Sie ihn dann ab. Lassen Sie 1 Minute vergehen und beantworten Sie dann die Fragen.

Reihe 1	Reihe 2	Reihe 3	Reihe 4
A Bernd Kahn	**A** Jörg Marks	**A** Paul Alberts	**A** Harry Jansen
B Luise Schmidt	**B** Janna Gretter	**B** Tom Granner	**B** Lisa Adam

1 Wer sitzt auf Platz **2A**? _____

2 Auf welchem Platz sitzt **Tom Granner**? _____

3 Wie heißen die beiden Personen in **Reihe 4**? _____

4 Auf welchem Platz sitzt **Luise Schmidt**? _____

3 PENSIONSRÄTSEL

Sie sind mit Freunden Ihres Lebensgefährten in einer Pension abgestiegen. Können Sie sich merken, wer mit wem angereist ist und wie die Zimmer verteilt sind? Prägen Sie sich die Paare und ihre Zimmer 1 Minute lang ein, decken die Liste ab und tragen Sie die Namen in die Kästchen auf dem Raumplan rechts ein.

Johann und Jeanette sind im **Eckzimmer**.

Barbara und Klaus sind in der **Klause**.

Lydia und Gerkan sind im **Kaminzimmer**.

Robert und Petra sind im **Pavillon**.

Für jedes richtige Paar gibt es 1 Punkt. Ihre Punktzahl _____

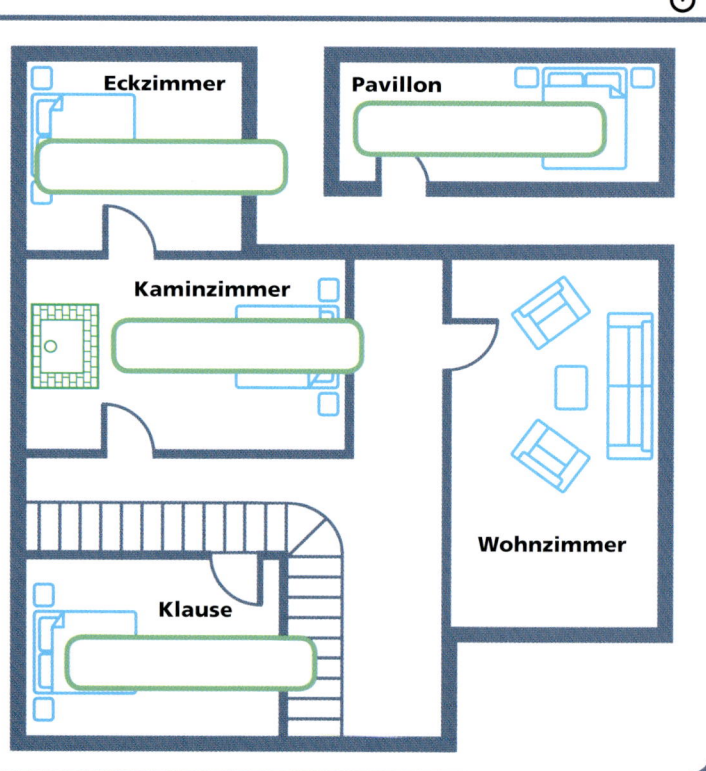

4 ABENDGESELLSCHAFT

Sie sind zum Essen eingeladen, kommen zu spät und Ihr Gastgeber stellt Ihnen schnell die anderen Gäste vor. Prägen Sie sich Namen, Gesichter und Sitzplätze 1 Minute lang ein und decken Sie die Abbildungen dann ab. Können Sie sich erinnern, wer wo sitzt?

Martha sitzt rechts von Ihnen.

Leo sitzt Ihnen gegenüber.

Jeff sitzt links neben Leo.

Andreas sitzt links von Ihnen am Tischende.

Luise sitzt am anderen Tischende.

SIE

5/5 Namen richtig: 1 Punkt   Ihre Punktzahl _____

5 CHAOS IN DER SCHULE

Sie kommen in eine neue Klasse und der Lehrer bittet Sie, die benoteten Arbeitshefte zu verteilen. Sie hatten aber nur kurz Zeit, sich zu merken, wer wo sitzt. Prägen Sie sich den Sitzplan unten 2 Minuten lang ein, decken Sie ihn ab und sagen Sie zehn europäische Länder auf. Können Sie nun jedes Heft an den richtigen Schüler zurückgeben?

Sarah	**Frank**	**Julia**
Janna	**Hannes**	**Jens**
Georg	**Sandra**	**Lara**
Günter	**Erich**	**Sie**

1 _____ 2 _____ 3 _____

4 _____ 5 _____ 6 _____

7 _____ 8 _____ 9 _____

10 _____ 11 _____ Sie

11/11: 5 Punkte   9–10/11: 4 Punkte   7–8/11: 3 Punkte   5–6/11: 2 Punkte   3–4/11: 1 Punkt   Ihre Punktzahl _____

6 RICHTIGE REIHENFOLGE

Dass man sich nicht nur die Namen von Personen merken soll, denen man vorgestellt wird, sondern zudem, in welcher Reihenfolge dies vor sich ging, klingt schwierig. Wenn Sie die Namen aber in eine Geschichte einbauen (eine Ereigniskette), kann das Ihrem Gedächtnis helfen. Denken Sie sich eine kleine Geschichte mit den abgebildeten Personen aus. Decken Sie sie nach 2 Minuten ab und zählen Sie fünf James-Bond-Filme auf. Dann schreiben Sie die Namen und die richtige Reihenfolge in die untere Reihe.

| **Gerd Wilms** | **Anna Michels** | **Alina Singer** | **Walter Everts** | **Connie Pieper** |

_____ _____ _____ _____ _____

Für jeden korrekten Namen gibt es 1 Punkt, **ebenso** 1 Punkt **für jede richtige Angabe der Position. Ihre Punktzahl** _____

7 NOMEN EST OMEN

Wenn der Name eines Menschen zu seinem Beruf passt, kann dies sehr gut als Eselsbrücke dienen. Prägen Sie sich die folgenden Namen und Berufe ein, decken Sie die Abbildungen ab und füllen Sie dann die Liste aus:

1 _____

2 _____

3 _____

4 _____

5 _____

6 _____

7 _____

7/7: 1 Punkt

Ihre Punktzahl ____

1. Kalle Leiter
Fensterputzer

2. Jana Lenk
Busfahrerin

3. Kai Recht
Richter

4. Ada Nadel
Schneiderin

5. Ferdinand Speck
Metzger

6. Bernd Kamm
Frisör

7. Sandra Sänger
Musikerin

METHODE: SPRECHENDE NAMEN

Menschen mit Namen, die ein Bild oder eine Assoziation nahelegen, sind ein Geschenk für all diejenigen mit schlechtem Namensgedächtnis. Denken Sie sich zu jeder der folgenden Personen ein Bild oder eine Assoziation aus, bei Herrn Buttermann könnte dies beispielsweise ein Brot mit Butter sein. Wenn Sie für jeden etwas gefunden haben, decken Sie die Namen unter den Bildern ab und prüfen, ob Ihre Assoziationen beim Erinnern der Namen helfen.

Herr Buttermann   **Frau Pflaume**   **Herr Leichtfuß**   **Frau Speicher**

_____   _____   _____   _____

8 VORSTELLUNGSGESPRÄCH

Sie möchten beim Vorstellungsgespräch eine gute Figur machen. Aber: Die Interviewer sind alle gleich angezogen, was es Ihnen erschwert, sich deren Namen zu merken. Versuchen Sie auch in dieser Situation, Eselsbrücken zu bauen, und prägen Sie sich die Namen 30 Sekunden lang ein. Decken Sie die Namen ab und sagen Sie jeden dritten Buchstaben des Alphabets auf. Dann tragen Sie die Namen unten ein.

Herr Pohl   **Frau Nommer**   **Herr Baus**   **Herr Gossert**   **Frau Holter**

_____   _____   _____   _____

5/5: Sie sind engagiert! 1 Punkt   Ihre Punktzahl _____

METHODE: VISUALISIERUNG

Unterstützen Sie Ihr Namensgedächtnis, indem Sie Verbindungen zwischen dem Aussehen einer Person und ihrem Namen schaffen. Konzentrieren Sie sich zunächst auf besondere Merkmale, die Sie mit dem Namen assoziieren können. Üben Sie dies, indem Sie 2 Minuten lang treffende Visualisierungen für die folgenden Namens-Gesichts-Kombinationen auf einem separaten Blatt Papier notieren, die Gesichter dann abdecken und prüfen, ob Sie sich an die Namen erinnern.

Tilli Sonne   **Peter Groß**   **Ernst Mönchmann**   **Pepina Prado**   **Samson Kinser**

9 MIT DEM ZUG UNTERWEGS

Üben Sie diese Methode, indem Sie sich Menschen allein anhand ihrer Gesichtszüge merken. Mehrere Stunden lang sitzen sechs ungewöhnlich aussehende Menschen mit Ihnen in einem Abteil. Am Tag darauf beschreiben Sie einem Freund, wie sie aussahen. Prägen Sie sich die Zugreisenden ein, decken Sie die Gesichter ab und warten Sie 5 Minuten. Dann schreiben Sie rechts auf, welches Merkmal jeweils fehlt.

_____

_____

  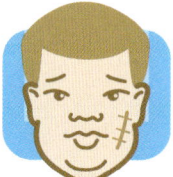     

_____

_____

Für jedes korrekte Merkmal gibt es 1 Punkt. Ihre Punktzahl _____

10 IDENTITÄT SCHAFFEN

Üben Sie nun, Assoziationen zwischen Namen und Merkmalen aufzubauen. Prägen Sie sich die Bilder der oberen Reihe und die jeweiligen Namen ein. Decken Sie sie ab und sagen Sie die Titel der letzten drei Bücher auf, die Sie gelesen haben. Nun prüfen Sie, ob Sie die richtigen Namen zuordnen können.

Für jeden korrekten Namen gibt es 1 Punkt.

Ihre Punktzahl _____

Petra Wender   **Simon Batra**   **Josef Seilmann**   **Andrea Braun**   **Julia Matt**

_____   _____   _____   _____   _____

11 WENN DER NAME PASST

Kombinieren Sie nun Namen mit einem visualisierten Bild. Bei Großtante Gretas 80. Geburtstag können Sie sich nicht einmal die Namen der Hälfte der Verwandtschaft merken. Ihre Schwester sagt Ihnen schnell alle Namen auf. Prägen Sie sich die Namen und Gesichter mit passenden Bildern 1 Minute lang ein und decken Sie sie dann ab. Tragen Sie rechts die Namen und das fehlende Merkmal ein.

Für jeden korrekten Namen gibt es 1 Punkt und für jedes korrekte Merkmal gibt es 1 Punkt.

Ihre Punktzahl _____

Cousin Werner

Tante Frieda

_____

_____

Onkel Robert   **Neffe Walter**   **Nichte Ida**

_____   _____

12 PAARE BILDEN

Wenn Sie ein schlechtes Namensgedächtnis haben, fällt es Ihnen wahrscheinlich auch schwer, Namen von Partnern zu behalten. Versuchen Sie es einmal mit den bisher gelernten Methoden. Unten sehen Sie vier Paare. Nutzen Sie ihre Namen oder Merkmale, um sich passende Bilder auszudenken. Dann decken Sie die Gesichter ab. Gehen Sie zu Übung 13 und versuchen Sie anschließend diese Übung zu lösen.

Mit wem ist **Clara** zusammen? _____

gehört zu _____

Mit wem ist **Abdul** zusammen? _____

gehört zu _____

Mit wem ist **Felix** zusammen? _____

gehört zu _____

Harry und Marga

Clara und Arthur

Abdul und Fatima

Regine und Felix

6/6: **1 Punkt** Ihre Punktzahl _____

13 WIR KOMMEN IN FRIEDEN

Bei dieser extraschweren Aufgabe geht es darum, sich Namen und Aussehen von Außerirdischen zu merken. Sie wurden zum Botschafter der Menschheit auserkoren und müssen daher die Namen aller Außerirdischen beherrschen. Prägen Sie sich Namen und Aussehen 2 Minuten lang ein, decken Sie danach die Abbildungen ab. Zählen Sie nun die letzten fünf Kinofilme auf, die Sie gesehen haben. Ordnen Sie dann die Namen den Bildern zu.

Für jeden korrekten Außerirdischennamen gibt es 1 Punkt.

Ihre Punktzahl _____

Crudallesc **Jaxark**

Zahbulon-5 **Mammomm** **Flik-Flak** **Sillian Betulah**

Zahbulon-5
Flik-Flak
Mammomm
Sillian Betulah
Jaxark
Crudallesc

METHODE: MIT KONTEXT KLAPPT'S

Sie können Ihrem Gedächtnis auf die Sprünge helfen, indem Sie sich zu jeder neuen Person die Situation merken, in der Sie sie kennenlernen, etwa den Ort, die Umstände, den Anlass etc. Üben Sie dies mit den unten aufgeführten Beispielen. Prägen Sie sich Personen und Kontext 2 Minuten lang ein. Dann zählen Sie zwölf europäische Länder auf. Anschließend testen Sie, an wen Sie sich erinnern.

Als Sie **Paula** trafen, war es windig.

Vanessa lernten Sie in London kennen.

Adam trafen Sie bei einem Feuerwerk.

Irene hatte Blumen gekauft, als Sie sie trafen.

Norbert lernten Sie im Flugzeug kennen.

14 PRÜFUNGSPHASE

Können Sie sich an die Namen und Fächer dieser Lehrer merken? Prägen Sie sie sich dies 1 Minute lang ein. Nutzen Sie dabei das Fach und das Bild des Klassenzimmers als Visualisierung, mit der Sie den Lehrernamen verbinden. Decken Sie alles ab, lösen Sie Übung 15 und schreiben Sie dann alle Lehrer und ihre Fächer auf.

Frau Weber (Geschichte)

Herr Schult (Kunst)

Herr Friedrich (Erdkunde)

Frau Undeutsch (Literatur)

Frau Haller (Physik)

Herr Ulrich (Biologie)

1 _____

2 _____

3 _____

4 _____

5 _____

6 _____

Für jeden korrekten Namen gibt es 1 Punkt.
Ihre Punktzahl _____

METHODE: IM DREISCHRITT GEDACHT

Wenn Sie einige der Tipps aus diesem Kapitel verbinden, ergibt sich eine Methode, die als Dreischritt bezeichnet werden kann. Nutzen Sie den Namen einer Person und denken Sie sich dazu eine einprägsame Assoziation aus, eine weitere Assoziation suchen Sie anhand der Gesichtszüge. Alle drei Elemente kombinieren Sie dann zu einem extrem einprägsamen Bild. So kann man Linda Schott etwa mit einem Scotch Terrier und ihre Frisur mit einem Bienenkorb assoziieren und daraus ein einprägsames Bild formen: Ein Scotch Terrier, der Bienen jagt. Probieren Sie es mit David Ringer einmal selbst.

	Namensassoziation	**Merkmalsassoziation**	**Kombination**

Linda Schott

Scotch Terrier

Bienenkorb

David Ringer

---

15 UNVERGESSLICHE GESICHTER

Prägen Sie sich die vier Namen und Gesichter mithilfe des Dreischritts ein. Finden Sie zu jedem Namen und jedem Gesicht eine passende Assoziation und verbinden Sie diese zu einprägsamen Bildern, die Ihr Gedächtnis unterstützen. Decken Sie dann Namen und Tabelle ab und zählen Sie zwölf Vogelarten auf. Anschließend prüfen Sie, ob Sie sich gemerkt haben, welcher Name zu welchem Gesicht gehört.

		Namensassoziation	**Gesichtsassoziation**	**Kombination**
Chavez	1			
Aminah	2			
Fion	3			
Fabienne	4			

Für jeden erinnerten Namen gibt es 1 Punkt. Ihre Punktzahl _____

16 AUSSENHANDEL

Sie begrüßen gerade eine Handelsdelegation aus China. Und schon taucht Ihr Chef auf und möchte allen vorgestellt werden. Sie haben die Namen der Gäste nur einmal gehört. Jetzt müssen Sie sich erinnern, sonst wird es peinlich! Testen Sie, wie gut Sie den Dreischritt schon beherrschen, indem Sie nach nur einmaligem Lesen der Namen und Betrachten der Gesichter schnelle und aussagekräftige Assoziationen bilden. Decken Sie die Namen und Ihre Assoziationen ab, zählen Sie sieben Zeitungen auf und testen Sie, ob Sie die Namen behalten haben.

		Namensassoziation	Gesichtsassoziation	Kombination
 **Wu Zhaoxu** Leiter der Delegation	1			
 **Song Bingguo** Assistent von Herrn Wu Zhaoxu	2			
 **Gao Lei** Einzige Frau der Delegation	3			
 **Qin Lingyu** Dolmetscher	4			
 **Zhang We** Direktor für Ressourcen	5			

Für jeden erinnerten Namen gibt es 2 Punkte. Ihre Punktzahl _____

Ihre Punktzahl /75

 60–75 GOLD

Sie haben ein brillantes Namens- und Gesichtergedächtnis sowie vermutlich allgemein ein erstklassiges Gedächtnis. Sie können es mit Methoden wie dem Dreischritt noch weiter verbessern.

 30–59 SILBER

Ihr Namens- und Gesichtergedächtnis könnte besser sein. Probieren Sie die Herausforderung auf Seite 178 aus und üben Sie weiter Namen und Gesichter zu assoziieren.

 0–29 BRONZE

Ihr schlechtes Namens- und Gesichtergedächtnis hat Sie schon in peinliche Situationen gebracht? Üben Sie mit der Herausforderung auf Seite 178 weiter und wiederholen Sie dann die Übungen und Methoden in diesem Kapitel.

 Die Herausforderung finden Sie auf Seite 178.

KAPITEL 3

GEDÄCHTNISSPORT

ALLTÄGLICHE HERAUSFORDERUNGEN

Gedächtnissport im Alltag

Das moderne Leben mit seinen vielen Aufgaben und Fakten, die wir uns merken müssen, stellt unser Gedächtnis vor zahlreiche Herausforderungen. Um unseren Alltag zu meistern, benötigen wir daher ein gutes Kurz- sowie Langzeitgedächtnis.

FRAGEBOGEN

Mit den folgenden Fragen können Sie feststellen, wie Ihr Trainingsstand auf diesem Gebiet ist.

1 Fällt Ihnen manchmal erst im Büro auf, dass Sie Ihr Handy zu Hause vergessen haben?

Selten/manchmal/oft
[2 Punkte für »selten«,
1 Punkt für »manchmal«]

2 Müssen Sie nach Ihrem Schlüsselbund suchen, bevor Sie das Haus verlassen können?

Selten/manchmal/oft
[2 Punkte für »selten«,
1 Punkt für »manchmal«]

3 Sie lassen sich vom Online-Routenplaner einen Fußweg berechnen. Können Sie den Weg später auch ohne den Ausdruck finden?

Wahrscheinlich/unwahrscheinlich
[1 Punkt für »wahrscheinlich«]

4 Merken Sie manchmal nach dem Einkauf, dass Sie alles gekauft haben, nur nicht das, weswegen Sie losgegangen waren?

Selten/manchmal/oft
[2 Punkte für »selten«,
1 Punkt für »manchmal«]

5 Die Post kündigt an, dass Weihnachtspost ins Ausland spätestens eine Woche zuvor abgeschickt werden sollte. Werfen Sie Ihre Karten rechtzeitig ein?

Ja/Nein
[1 Punkt für »Ja«]

6 Vergessen Sie manchmal Ihren Einkaufszettel zuhause, wenn Sie einkaufen gehen?

Selten/manchmal/oft
[2 Punkte für »selten«,
1 Punkt für »manchmal«]

Wie lautet Ihre Punktzahl?

0–3: Ihr Gedächtnis für Alltagsaufgaben ist schlecht. Wie gut, dass Sie es mit den Übungen und Methoden in diesem Kapitel trainieren können.

4–7: Ihr Alltagsgedächtnis ist durchschnittlich. Sie können es mit den folgenden Übungen verbessern.

8–10: Sie haben ein gutes Alltagsgedächtnis. Halten Sie es mit den Übungen in diesem Kapitel auf gleichem Niveau.

1 EINKAUFSTEST

Wie viele Artikel können Sie sich ohne Einkaufszettel merken? Prägen Sie sich die Produkte rechts 30 Sekunden lang ein und decken Sie sie ab. Zählen Sie acht Blumenarten auf und schreiben Sie dann auf, was Sie eingekauft haben.

1 _____   5 _____

2 _____   6 _____

3 _____   7 _____

4 _____   8 _____

8/8: 1 Punkt   Ihre Punktzahl _____

Milch

Eier

Erdbeeren

Pizza

Waschmittel

Katzenfutter   **Bananen**   **Shampoo**

Der Gedächtnispalast ist eine Mnemotechnik (Merkmethode), bei der man sich die Räume eines Hauses vorstellt. Um sich Dinge zu merken, werden sie in den Zimmern abgelegt und durch einen einprägsamen Spaziergang durchs Gebäude verbunden. Im Haus unten sind beispielsweise Einkäufe abgelegt: Spaghetti, Koteletts, Toilettenpapier, Seife, Thunfisch und Wein. Prägen Sie sich das Haus 2 Minuten lang ein, decken Sie es ab und schreiben Sie die Einkaufsliste nach 5 Minuten auf.

METHODE: GEDÄCHTNISPALAST

Dachboden: Mädchen mit Spaghetti-Haaren

Schlaf-zimmer: Kotelett im Bett

Badezimmer: Wanne mit Seifen-schaum

Wohnzimmer: Klo-papier auf dem Sofa

Küche: angelnder Thunfisch

Keller: Gorilla mit Weinflasche

2 DO-IT-YOURSELF-PALAST

Üben Sie die Methode des Gedächtnispalastes mit dem unten abgebildeten Haus. Kombinieren Sie die Gegenstände in den Räumen mit einprägsamen Situationen. Dann decken Sie das Haus ab und schreiben die Liste 2 Minuten später auf.

Orangen
Spülmittel
Kidneybohnen
Kuchen
Kerzen
Teebeutel
Tiefkühlerbsen

1 _____   5 _____

2 _____   6 _____

3 _____   7 _____

7/7: 1 Punkt
Ihre Punktzahl _____

4 _____

METHODE: KETTENMETHODE

Die Kettenmethode ist eine weitere Mnemotechnik, die mit einprägsamen Bildern starke Assoziationen bildet. Dinge, die man sich merken möchte, werden auf ungewöhnliche Weise verknüpft. Das Beispiel unten zeigt, wie man drei Dinge visualisieren, verbinden und sich merken kann.

Fisch + **Speck** + **Bagels**

Auf Ihrem Einkaufszettel stehen diese drei Dinge: Fisch, Speck, Bagels.

Schritt 1

Denken Sie sich einprägsame Bilder dazu aus: ein Fisch mit Händen, ein tanzender Speckstreifen und Bagels als Ballons.

Schritt 2

Nun verbinden Sie die Bilder zu einer ungewöhnlichen Szenerie: Der Fisch hält die Bagel-Ballons in einer Hand und tanzt mit dem Speck.

3 SCHÖNE KETTEN

Üben Sie das Kettensystem noch ein wenig. Auf Ihrem Einkaufszettel stehen Zitronen, Schokolade, Milch, Brot und Möhren. Unten finden Sie Bilder für diese Gegenstände, denken Sie sich dazu ein einprägsames Szenario aus. Decken Sie die Abbildungen ab und zählen Sie acht afrikanische Länder auf. Dann schreiben Sie Ihre Einkaufsliste auf den rechts abgebildeten Notizzettel. Haben Sie sich alles gemerkt?

5/5: 1 Punkt Ihre Punktzahl _____

4 ALLTÄGLICHE VERKETTUNGEN

Mit der Kettenmethode können Sie sich auch anstehende Aufgaben im Haushalt und Termine einprägen. Verbinden Sie die Bildreihen unten zu einem einprägsamen Szenario. Decken Sie sie ab und testen Sie nach 5 Minuten, wie viel Sie erinnern.

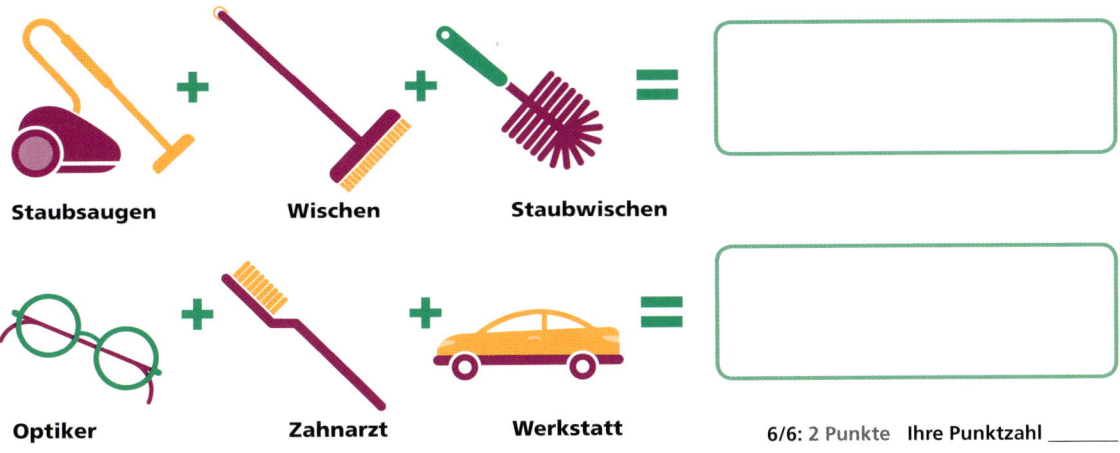

Staubsaugen + **Wischen** + **Staubwischen** =

Optiker + **Zahnarzt** + **Werkstatt** =

6/6: 2 Punkte   Ihre Punktzahl _____

METHODE: AKRONYME BILDEN

Ein Akronym ist ein Kurzwort, dass sich aus den Anfangsbuchstaben mehrerer Wörter zusammensetzt. WHO ist zum Beispiel das Akronym für World Health Organization. Aus den Anfangsbuchstaben einer Liste von Dingen kann man ein solches Akronym bilden. Lautet das Akronym Ihrer Einkaufsliste zum Beispiel TIGGR, können Sie das Bild eines Tigers als Visualisierung nutzen. Testen Sie die Methode mit den Anfangsbuchstaben der Dinge, die Sie für ein Picknick benötigen.

Teller, Äpfel, Korb, Besteck, Brot, Kuchen, Wein, Eiswürfel

5 ALLERLEI AKRONYME

Üben Sie die Akronymmethode mit den Gegenständen aus dem Baumarkt. Bilden Sie aus den Anfangsbuchstaben ein Akronym und verbinden Sie dies mit einem einprägsamen Bild. Nun decken Sie die Liste ab. Zählen Sie acht Gemüsesorten auf und schreiben Sie dann die Einkaufsliste auf.

Hammer, Abdeckfolie, Nägel, Eimer, Öl, Feile, Maßband, Lack

_____

_____

_____

_____

_____

_____

8/8: 2 Punkte 7/8: 1 Punkt

Ihre Punktzahl _____

_____

_____

METHODE: AKROSTICHEN

Ein Akrostichon ist ein Satz, ein Vers oder eine längere Sequenz, deren Anfangsbuchstaben wieder ein Wort oder einen einprägsamen Satz ergeben. Ein solches Akrostichon kann man auch nutzen, um sich eine Liste von Gegenständen zu merken. Der Satz »Hallo, sei heute bitte super-pünktlich!« könnte Sie zum Beispiel daran erinnern, was Sie mit an den Strand nehmen wollen: Hut, Sonnenschirm, Handtuch, Buch, Sonnencreme. Versuchen Sie die folgenden Backzutaten mit einem Akrostichon zu verbinden.

Mehl, Zucker, Milch, Butter, Eier, Zitronen, Muskat

6 PYJAMAPARTY-AKROSTICHON

Ihre Tochter ist zu einer Pyjamaparty eingeladen. Merken Sie sich mit einem Akrostichon, was sie alles mitnehmen sollte. Decken Sie die Abbildungen und Ihr Akrostichon ab und zählen Sie acht Meereslebewesen auf. Dann versuchen Sie mithilfe des Akrostichons, sich an die Gegenstände zu erinnern.

DVDs

Plätzchen

Popcorn

Saft

Pyjama

Computerspiele

Schlafsack

1 _____

2 _____

3 _____

4 _____

5 _____

6 _____

7 _____

7/7: 2 Punkte   6/7: 1 Punkt

Ihre Punktzahl _____

7 WEIHNACHTS-AKROSTICHON

Ihre Nichten und Neffen haben Ihnen ihre Weihnachtswünsche mitgeteilt. Bilden Sie daraus ein einprägsames Akrostichon, damit Sie keines der Geschenke vergessen. Sie können die Anfangsbuchstaben auch umsortieren. Decken Sie alles ab, warten Sie 5 Minuten und schreiben Sie die Liste auf.

DVD

Buch

Ohrringe

Socken

Smartphone

Pulli

Parfüm

1 _____ 5 _____

2 _____ 6 _____

3 _____ 7 _____

4 _____ **7/7:** 2 Punkte **6/7:** 1 Punkt

Ihre Punktzahl _____

8 WOCHEN-CHECKLISTE

Sie haben eine anstrengende Woche vor sich und erstellen daher eine Liste mit allem, was Sie erledigen müssen. Versuchen Sie, daraus ein Akrostichon zu bilden. Decken Sie alles ab, sagen Sie acht Zeichentrickfiguren auf und schreiben Sie dann die Liste aus dem Kopf auf.

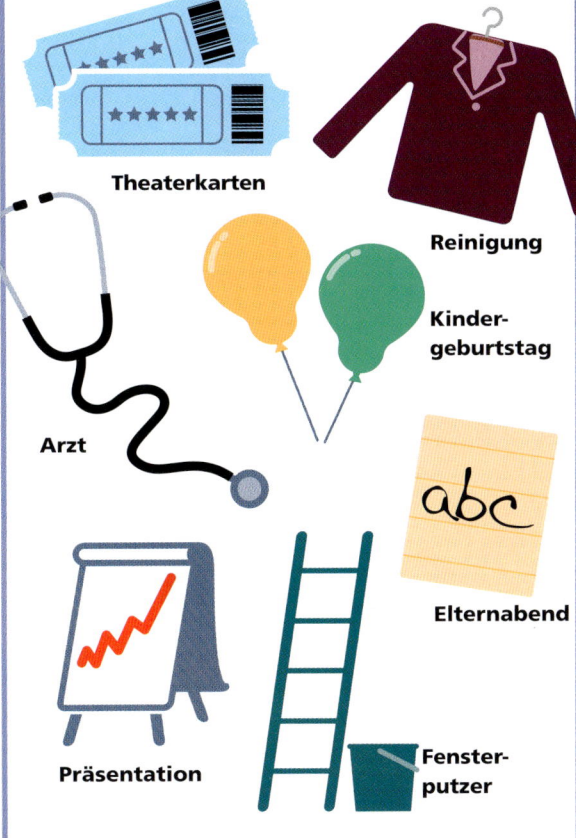

Theaterkarten

Reinigung

Kindergeburtstag

Arzt

Elternabend

Präsentation

Fensterputzer

1 _____ 5 _____

2 _____ 6 _____

3 _____ 7 _____

4 _____ **7/7:** 2 Punkte **6/7:** 1 Punkt

Ihre Punktzahl _____

Auch die Alphabet-Methode ist eine Mnemotechnik, die mit Bildern arbeitet; diese dienen als Erinnerungsstütze. Die Dinge, die man sich merken möchte – zum Beispiel eine Reihe von Aufgaben –, werden über einprägsame Visualisierungen mit festen Bildern verknüpft. Der Theorie zufolge sind diese Visualisierungen einfacher zu merken, da man die Grundbilder bereits beherrscht. Sobald Sie Ihre Grundbilder und die Punkte auf Ihrer Merkliste zu neuen einprägsamen Bildern verknüpft haben, können Sie sich alles merken. Die Grundbilder lassen sich für jede neue Liste nutzen und anpassen, was Sie sich ausdenken, kann ganz unterschiedlich sein. Das Alphabet-System beispielsweise nutzt die Buchstaben des Alphabets als eine Hilfsbildreihe. Hier wurden die drei ersten Buchstaben bereits in Hilfsbilder verwandelt. Folgen Sie den Schritten und verwandeln Sie auch die übrigen Buchstaben in Hilfsbilder.

Merkliste:
Orangen
Nudeln
Käse

Schritt 1
Wählen Sie für jeden Buchstaben des Alphabets einen Gegenstand aus, der mit dem jeweiligen Buchstaben beginnt, um Ihre Hilfsbildreihe zu erstellen.

A für Ameise B für Ball C für Cabrio

Schritt 2
Verbinden Sie nun den ersten Gegenstand auf Ihrer Liste mit dem ersten Hilfsbild zu einem neuen, einprägsamen Bild, den zweiten Gegenstand mit dem zweiten Hilfsbild usw.

METHODE: ALPHABET-METHODE

Schritt 3
Beginnen Sie bei jeder neuen Merkliste mit dem Buchstaben A und verbinden Sie die Dinge mit Ihren Hilfsbildern. Wenn Sie Ihre Alphabet-Hilfsbilder beherrschen, sind die damit verknüpften Dinge und Bilder leicht zu erinnern.

9 ÜBUNG ZUR ALPHABET-METHODE

Merken Sie sich mit Ihren Alphabet-Hilfsbildern, was Sie für den Urlaub einpacken müssen. Ist Ihr Hilfsbild für »D« zum Beispiel ein Dromedar und der vierte Gegenstand auf Ihrer Liste Ihr Pass, stellen Sie sich einen Pass mit Dromedarbild vor. Merken Sie sich so die Liste rechts, decken Sie sie ab und warten Sie 5 Minuten. Dann listen Sie alles in der richtigen Reihenfolge auf.

Geld
Flugticket
Reiseführer
Pass
Sonnenbrille
Sonnencreme
Flip-Flops
Zahnbürste
Fotoapparat
Wörterbuch

1 _____
2 _____
3 _____
4 _____
5 _____
6 _____
7 _____
8 _____
9 _____
10 _____

10/10: 2 Punkte 8–9: 1 Punkt Ihre Punktzahl _____

10 UND NOCH EINE ÜBUNG ZUR ALPHABET-METHODE

Merken Sie sich die unten stehenden Sehenswürdigkeiten Sydneys mit der Alphabet-Methode. Ist Ihr Hilfsbild für C »Cabrio« und die dritte Sehenswürdigkeit das Sydney Aquarium, können Sie sich zum Beispiel ein offenes Auto in Rot mit blitzenden Chromteilen vorstellen. Prägen Sie sich so alles ein, decken Sie die Liste ab, benennen Sie fünf australische Städte und schreiben Sie dann die Sehenswürdigkeiten in der richtigen Reihenfolge auf.

1 _____
2 _____
3 _____
4 _____
5 _____
6 _____
7 _____
8 _____
9 _____
10 _____

Opernhaus von Sydney
Royal Botanic Gardens
Sydney Aquarium
Museum für zeitgenössische Kunst Sydney
Sydney Hafenbrücke

The Rocks
Taronga Zoo
Circular Quay
Batemans Bay
Jenolan-Höhlen

10/10: 2 Punkte 8–9: 1 Punkt Ihre Punktzahl _____

METHODE: ZAHL-REIM-SYSTEM

Eine weitere Hilfsbildreihe ist das Zahl-Reim-System. Hierbei kommen Zahlen statt Buchstaben zum Einsatz. Die Zahlen werden mit einem Wort, das sich auf sie reimt, zu einem Hilfsbild verwandelt. Dann verbindet man die Dinge, die man sich merken möchte, mit den gereimten Hilfsbildern. Die Hilfsbilder helfen dann wieder beim Erinnern.

Merkliste
Orangen
Nudeln
Käse

Schritt 1
Denken Sie sich zunächst Reimwörter für die Zahlen von eins bis zehn aus, zum Beispiel 1 = ein = Bein, 2 = zwo = Zoo, 3 = drei = Brei etc.

Schritt 2
Nun verknüpfen Sie die Dinge auf Ihrer Merkliste mit den entsprechenden Zahlenreimen. Stehen die Orangen als Erstes auf Ihrer Liste, stellen Sie sich beispielsweise Orangen mit Beinen vor. Verknüpfen Sie die restlichen Gegenstände auf ähnliche Weise.

Schritt 3
Wenn Sie Ihre Merkliste erinnern möchten, gehen Sie Ihre Zahlenreime und die jeweils dazugehörigen Hilfsbilder durch. Sie werden sehen, das hilft.

11 ÜBUNG ZUM ZAHL-REIM-SYSTEM

Prägen Sie sich die aufgelisteten Haushaltsaufgaben mithilfe des Zahl-Reim-Systems ein. Verknüpfen Sie jede Aufgabe mit einem Zahlenreim zu einem einprägsamen Bild. Ist Ihr Hilfsbild für die Zahl Acht Nacht, könnten Sie sich eine im Mondlicht funkelnde saubere Badewanne vorstellen. Wenn Sie sich die Liste mithilfe von Bildern eingeprägt haben, decken Sie sie ab und schreiben die Punkte nach 5 Minuten in der richtigen Reihenfolge auf.

Küche fegen
Müll raustragen
Kühlschrank auswischen
Altglas wegbringen
Keller aufräumen
Rasen mähen
Betten beziehen
Bad putzen

1 _____
2 _____
3 _____
4 _____
5 _____
6 _____
7 _____
8 _____

8/8: 2 Punkte **7/8:** 1 Punkt

Ihre Punktzahl _____

12 GEBÜNDELTE LISTE

Wie in Kapitel 1 beschrieben, sind lange Listen durch Bündeln der Einzelpunkte besser zu merken. Bisher haben wir Paare gebildet. Nun werden wir umfassendere Kategorien finden und mehr als zwei Dinge zusammenfassen. Sortieren Sie die Gegenstände für die Schule danach, wohin sie gehören: Sporttasche, Snackbox, Schultasche. Decken Sie alles ab, zählen Sie acht Insekten auf und schreiben Sie dann die Gegenstände in die richtigen Kästchen.

Turnschuhe
Socken
Tennisschläger
Schweißband
Apfel
Orangensaft
Butterbrot
Trauben
Schulheft
Mathebuch
Mäppchen
Taschenrechner

12/12: 2 Punkte 10–11: 1 Punkt

Ihre Punktzahl _____

13 EINKAUF IM SUPERMARKT

Eine gute Methode, eine Einkaufsliste zu bündeln, besteht darin, die Einkäufe danach zu sortieren, wo im Supermarkt sie zu finden sind, zum Beispiel im Getränkemarkt, in der Frischeabteilung oder in der Kühltheke. Tun Sie dies, decken Sie die Liste ab und zählen Sie acht Hunderassen auf. Dann versuchen Sie, sich an alle Einkäufe und die jeweiligen Bereiche im Supermarkt zu erinnern.

Limonade
Ofen-Pommes-Frites
Weintrauben
Mineralwasser
Kartoffeln
Eiscreme
Lauch
Orangensaft
Eiswürfel
Bier
Wassermelone
Tiefkühl-Garnelen

12/12: 2 Punkte 10–11: 1 Punkt   Ihre Punktzahl _____

14 AUF IN DEN MAUERWEG

Sich Wegbeschreibungen zu merken, kann leichter sein, wenn man Straßennamen mit einprägsamen Bildern assoziiert. Prägen Sie sich die Beschreibung ein, decken Sie sie ab und testen Sie Ihr Gedächtnis nach einer Pause von 5 Minuten.

Links in den **Amselweg,**

geradeaus in die **Mondallee,**

rechts in den **Blumenweg,**

wieder rechts in die
Bauernweide,

dann geradeaus in die
Franzosengasse,

links in **Zum Schlachthof**

und dann rechts in den
Mauerweg.

1 _____   5 _____

2 _____   6 _____

3 _____   7 _____

4 _____   **7/7: 1 Punkt**

Ihre Punktzahl _____

15 DIE KOMPASSROSE

Verknüpfen Sie Ihre Wegbilder mit einem System, um sich die Richtungen merken zu können. Das gelingt, indem Sie die Richtungen der Kompassrose mit passenden Bildern (zum Beispiel Cowboy für Westen) versehen und diese für die Richtungsangabe »links« verwenden. Osten steht für rechts, Norden für geradeaus und Süden für zurück. Denken Sie sich hierfür eigene Bilder aus.

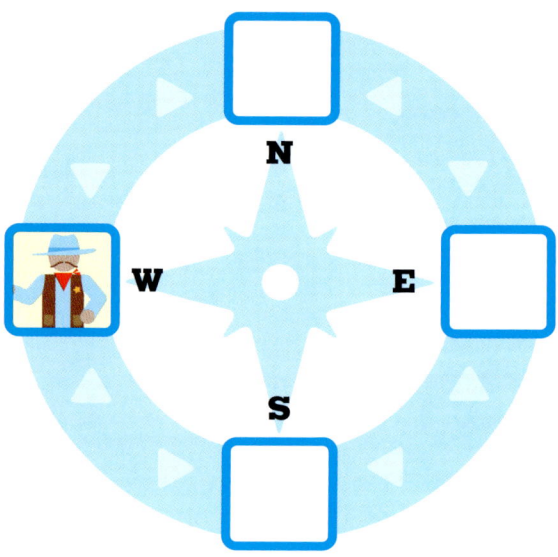

Verbinden Sie die Richtungsbilder in der folgenden Liste mit den Bildern, die für die Straßennamen stehen. Wenn Sie sich etwas für die gesamte Wegbeschreibung ausgedacht haben, decken Sie sie ab und notieren Ihren Namen rückwärts. Dann schreiben Sie den Weg auf.

1 Gehen Sie links in die Turmstraße.
2 Gehen Sie geradeaus bis zur Kreuzung Galgenhügel.
3 Gehen Sie rechts in die Wolkengasse.
4 Biegen Sie links in den Wieselweg.
5 Gehen Sie geradeaus auf den Domplatz.

1 _____   4 _____

2 _____   5 _____

3 _____   **5/5: 1 Punkt**

Ihre Punktzahl _____

16 LINKS ODER RECHTS

Eine komplizierte Wegbeschreibung kann verwirrend sein. Verbinden Sie die Anweisungen links und rechts paarweise zu Kurzwörtern, um sie sich besser merken zu können. So wird aus links und rechts (LR) etwa **LiRa** und aus rechts, rechts (RR) **RehRad**. Merken Sie sich anhand dieser Wörter die Anweisungen unten und decken Sie sie ab. Zählen Sie acht Kleidungsstücke auf und gehen Sie dann den Weg ab dem »Start« ab.

Rechts, links. Links, rechts. Rechts, links. Rechts, rechts.

Wo kommen Sie an? _____

Lösung auf Seite 180

Richtiger Zielort: 1 Punkt   Ihre Punktzahl _____

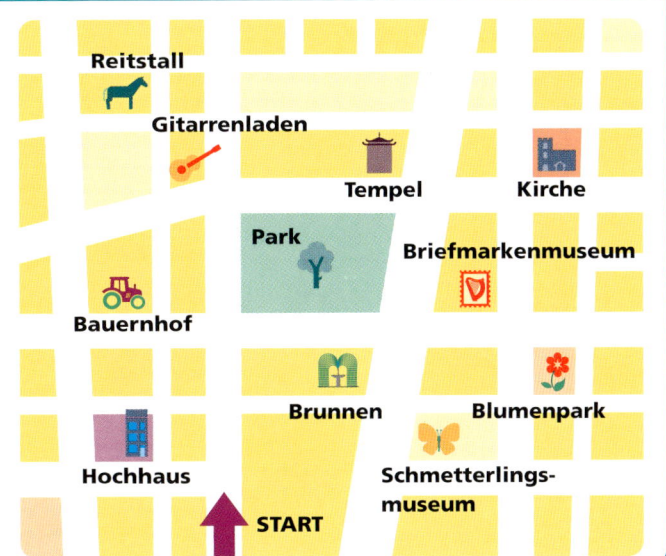

17 WEGMARKEN

Durch Bündeln lässt sich eine lange Wegbeschreibung gut unterteilen und einfacher merken. Sie zerlegen Ihren Weg einfach in einzelne Etappen, auf denen Sie verschiedene Punkte ablaufen. Statt sich also die gesamte Strecke vom Beerenweg zur Goethestraße zu merken, prägen Sie sich ein, wie sie vom Beerenweg zum Kurzweg kommen, vom Kurzweg zum Gartenplatz usw. Prägen Sie sich die Etappen ein, decken Sie die Beschreibung ab und suchen Sie dann den Weg auf der Karte.

1 Auf dem Beerenweg nach Osten.

2 An der vierten Ecke rechts in die Steinstraße.

3 An der ersten Ecke rechts in den Kurzweg.

4 Die nächste Kreuzung überqueren.

5 Links in die Lindenallee.

6 An der zweiten Ecke rechts zum Gartenplatz.

7 Über den Platz und geradeaus auf die Bergstraße.

8 An der dritten Ecke rechts ins Katzenend.

Wie viele der Anweisungen haben Sie behalten? 8/8: 2 Punkte 7/8: 1 Punkt Ihre Punktzahl _____

18 SCHLÜSSELFINDER

Viele Menschen stehen täglich vor der Frage, wo sie ihren Schlüssel gelassen haben. Hier können Sie testen, wie gut Sie darin sind: Wo befinden sich diese Schlüssel gerade?

1 _____

2 _____

3 _____

4 _____

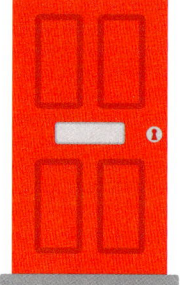   

| **1. Haustürschlüssel** | **2. Autoschlüssel** | **3. Gartentürschlüssel** | **4. Fahrradschlüssel** |

4/4: 1 Punkt Ihre Punktzahl _____

19 DIE SCHLÜSSEL ZUM SCHLOSS

Behalten Sie die Fundstellen für Ihre Schlüssel besser, indem Sie sie mit starken Bildern verbinden. Unten sehen Sie hierzu vier Vorschläge. Prägen Sie sich die Bilder 30 Sekunden lang ein, decken Sie sie ab und zählen Sie acht Flüsse auf. Dann schreiben Sie auf, wo die Schlüssel sind.

1 _____

2 _____

3 _____

4 _____

| **1. In der Blumenvase** | **2. Am Haken neben dem Schirmständer** | **3. Auf dem Kleiderschrank neben den Kisten** | **4. In der Schublade mit dem Nähzeug** |

Für jeden korrekten Ort gibt es 1 Punkt. Ihre Punktzahl _____

20 KREATIVE SCHLÜSSELVERSTECKE

Denken Sie sich Ihre eigenen Fundstellen für Schlüssel aus. Hier sehen Sie vier Orte, erdenken Sie zu jedem Bild ein einprägsames Szenario. Decken Sie die Bilder ab und zählen Sie Ihre Punkte für dieses Kapitel. Dann schreiben Sie die Fundorte auf.

1 _____

2 _____

3 _____

4 _____

2. Im Glas auf dem Küchenregal

1. Auf dem Türrahmen der Gartentür

3. Mit Pass und Auslandswährung in der Schublade im Flur.

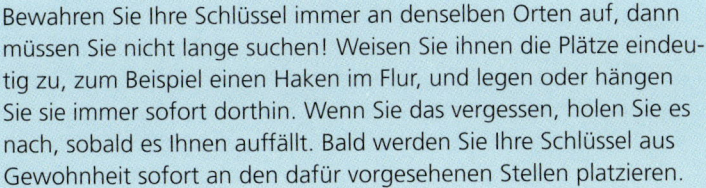

4. Am Haken über den Schuhen neben der Eingangstür

4/4: 1 Punkt   Ihre Punktzahl _____

TIPP

Bewahren Sie Ihre Schlüssel immer an denselben Orten auf, dann müssen Sie nicht lange suchen! Weisen Sie ihnen die Plätze eindeutig zu, zum Beispiel einen Haken im Flur, und legen oder hängen Sie sie immer sofort dorthin. Wenn Sie das vergessen, holen Sie es nach, sobald es Ihnen auffällt. Bald werden Sie Ihre Schlüssel aus Gewohnheit sofort an den dafür vorgesehenen Stellen platzieren.

Ihre Punktzahl **/40**

 30–40 GOLD

Beeindruckend – ihr Gedächtnis ist super in Schuss. Wenn Sie weiter mit Visualisierungen und Assoziationen üben, können Sie es auf diesem Niveau halten.

 10–29 SILBER

Sie haben ein durchschnittlich gutes Gedächtnis für Alltagserledigungen. Mit den Herausforderungen auf Seite 178 und den Tipps in diesem Kapitel können Sie es verbessern.

 0–9 BRONZE

Ihr Gedächtnis lässt Sie im Alltag manchmal im Stich. Nutzen Sie die Herausforderung auf Seite 178 und wiederholen Sie die Übungen in diesem Kapitel.

 Die Herausforderung finden Sie auf Seite 178.

KAPITEL 4

WO IST NUR MEIN AUTO?

MITTELFRISTGEDÄCHTNIS

Wo ist nur mein Auto?

Irgendwo zwischen Kurz- und Langzeitgedächtnis liegt das Mittelfristgedächtnis (MFG, auch Mittelzeitgedächtnis), in dem Informationen abgelegt, aber nicht endgültig gespeichert werden. Alles, was wir länger als eine Minute und kürzer als eine Woche behalten, ist dort untergebracht.

FRAGEBOGEN
Mit diesem Fragebogen können Sie schnell feststellen, wie gut Ihr Mittelfristgedächtnis ist.

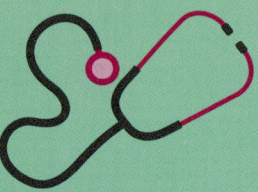

1 Am Montag bekommen Sie einen Arzttermin für Freitag. Sie notieren ihn in Ihrem Kalender, in den Sie nur selten hineinsehen. Halten Sie den Termin ein?

Auf jeden Fall/möglicherweise nicht
[1 Punkt **für** »auf jeden Fall«]

2 Sie lesen, dass die neue Staffel Ihrer Lieblingsfernsehserie in ein paar Tagen beginnt, programmieren die Aufnahme aber nicht. Schaffen Sie es, sie zu sehen?

Wahrscheinlich/unwahrscheinlich
[1 Punkt **für** »wahrscheinlich«]

3 Wenn Sie in einem Parkhaus parken, haben Sie Schwierigkeiten, Ihren Wagen ein paar Stunden später wiederzufinden?

Eigentlich nie/manchmal
[1 Punkt **für** »eigentlich nie«]

4 Ein Aushang am Bahnhof weist Sie darauf hin, dass ab der kommenden Woche der neue Fahrplan gilt. Gehen Sie Montag schon nach der neuen oder noch nach der alten Abfahrtszeit?

Zur neuen/zur alten
[1 Punkt **für** »zur neuen«]

5 Sie haben einen neuen Lieblingssong im Radio gefunden und wollen ihn herunterladen. Wie hoch sind die Chancen, dass sie beim nächsten Hören merken, dass Sie dies vergessen haben?

Niedrig/hoch
[1 Punkt **für** »niedrig«]

6 Wissen Sie noch, was Sie vor fünf Tagen zu Abend gegessen haben?

Ja/nein [1 Punkt **für** »ja«]

Wie haben Sie abgeschnitten?
0–2: Ein schlechtes MFG bedeutet, dass Sie dazu neigen, Dinge von einem Tag auf den anderen zu vergessen. Dieses Kapitel bietet Ihnen viele hilfreiche Tipps.
3–4: Ihr MFG ist durchschnittlich, was bedeutet, dass es sich stärken lässt. Arbeiten Sie die folgenden Übungen und Methodenbeschreibungen durch und schauen Sie, ob Sie sich verbessern.
5–6: Ihr MFG ist sehr stark. Termine, Absprachen oder den Standort Ihres Wagens vergessen Sie eigentlich nie. Halten Sie Ihr MFG mit den folgenden Übungen und Strategien weiter auf hohem Niveau.

1 ANRUFLISTE

Eine gute Übung für das MFG ist (mit elektronischer Hilfe) zu überprüfen, ob Sie sich an die Menschen erinnern, die Sie zuletzt auf Ihrem Handy angerufen haben. Zählen Sie die letzten fünf Anrufer auf.

1 _____

2 _____

3 _____

4 _____

5 _____

Jeder richtig erinnerte Anrufer ergibt 1 Punkt.

Ihre Punktzahl _____

2 ESSENSTAGEBUCH

Ein weiterer guter Test ist, ob Sie sich erinnern, was Sie kürzlich zu Abend gegessen haben. Können Sie das Essenstagebuch vervollständigen?

Was haben Sie zu Abend gegessen?

Gestern _____ 1 Punkt

Vor zwei Tagen _____ 1 Punkt

Vor drei Tagen _____ 1 Punkt

Vor vier Tagen _____ 1 Punkt

Vor fünf Tagen _____ 2 Punkte

Ihre Punktzahl _____

3 WERBEKÖNIG

Stellen Sie Ihr MFG noch ein wenig mehr auf die Probe. Können Sie sich an Werbespots im Fernsehen erinnern? Notieren Sie abends die ersten fünf Spots, die Sie sehen, und versuchen Sie, sich am nächsten Abend zur selben Zeit daran zu erinnern.

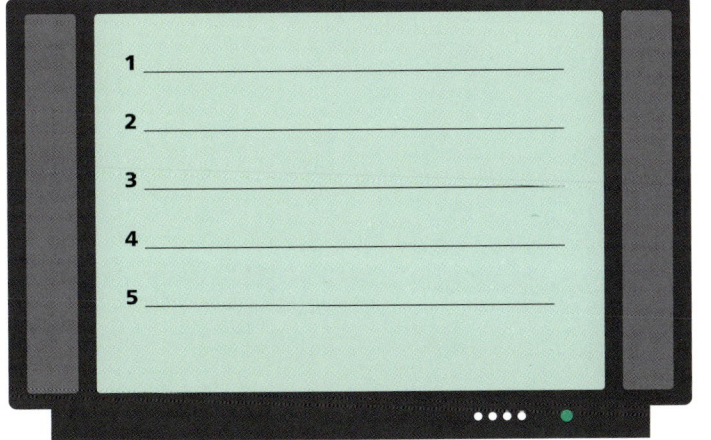

1 _____

2 _____

3 _____

4 _____

5 _____

Jede korrekt erinnerte Werbung ergibt 1 Punkt.

Ihre Punktzahl _____

61

Auch bei der Loci-Methode werden Hilfsbilder verwendet, um sich eine Liste von Dingen zu merken. Die Hilfsbilder sind hierbei Etappen eines Wegs (real oder erdacht). Sobald Sie Ihren Weg und die Wegmarken festgelegt haben, können Sie diese mit etwas anderem zu einprägsamen Bildern verknüpfen. Im Beispiel unten ist der erste wichtige Punkt das Tor des Horns, das von Geiern bewacht wird. Mit ihm verknüpfen Sie den ersten Gegenstand, den Sie sich merken möchten. Die Loci-Methode braucht viel Übung. Prägen Sie sich daher zunächst die sechs Punkte eines Fantasiewegs ein und versuchen Sie, sie 5 Minuten später aufzuzählen.

1 Das Tor des Horns wird von Greifen bewacht.

2 Der Wald des Schreckens ist voller Kobolde.

3 Die Wiese des Schlafs steht voller Mohn.

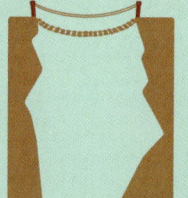

4 Eine Hängebrücke führt über die bodenlose Schlucht.

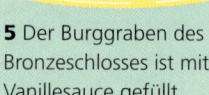

5 Der Burggraben des Bronzeschlosses ist mit Vanillesauce gefüllt.

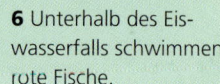

6 Unterhalb des Eiswasserfalls schwimmen rote Fische.

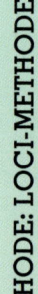

METHODE: LOCI-METHODE

4 ÜBUNG ZUR LOCI-METHODE

Benutzen Sie einen Fantasieweg (den angebotenen oder einen eigenen), um sich die folgenden sechs Aufgaben zu merken. Wir haben aus den Aufgaben und den Wegmarken des Beispiels bereits einprägsame Bilder geformt. Bei der ersten Aufgabe, »Oma abholen«, trägt ein Greif die Oma davon. Prägen Sie sich die Aufgaben auf diese Weise ein, decken Sie die Liste ab und nennen Sie acht Obstsorten. Anschließend schreiben Sie die Aufgaben auf.

1 Oma abholen.

2 Zahnarzt anrufen.

3 Geschenk besorgen.

4 Reifen prüfen lassen.

5 Barbara anrufen.

6 Blumen gießen.

1 _____   **4** _____

2 _____   **5** _____

3 _____   **6** _____

6/6: 1 Punkt

Ihre Punktzahl _____

5 PANIK IM PARKHAUS

Merken Sie sich mithilfe der Loci-Methode, wo Sie Ihren Wagen geparkt haben. Wenn Sie ein einprägsames Bild visualisiert haben, warten Sie 5 Minuten und suchen dann den Stellplatz.

Ihr Parkplatz: **grüne Etage, Bereich E, Stellplatz 13**

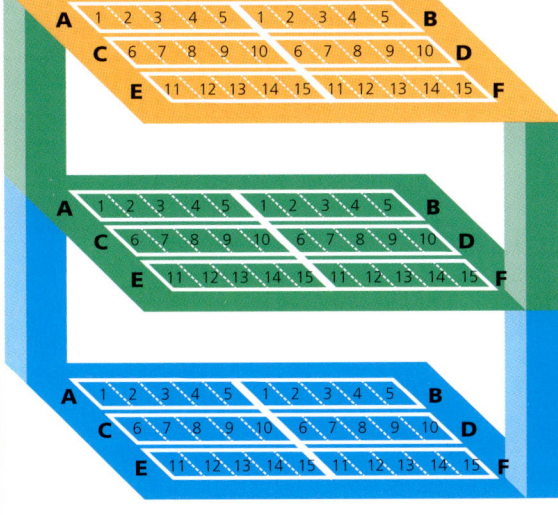

Korrekt erinnerter Stellplatz: 1 Punkt   Ihre Punktzahl __

6 HIN UND ZURÜCK

Sie haben gerade eine neue Arbeitsstelle angenommen und sind auf dem Weg dorthin noch unsicher. Prägen Sie sich die Stationen mithilfe der Loci-Methode ein. Decken Sie die Liste ab und nennen Sie acht Vogelarten. Dann schreiben Sie den Weg auf.

1 Bahnhof
2 Rathaus
3 Polizeirevier
4 Schwimmbad
5 Park
6 Kreisverkehr

1 _____

2 _____

3 _____

4 _____

5 _____

6 _____

6/6: 1 Punkt Ihre Punktzahl _____

7 RAUMPLAN

Sie können auch die Räume eines großen Gebäudes, einer Universität zum Beispiel, als Wegmarken nutzen. Stellen Sie sich vor, Sie sind Student und müssen sich folgende neue Lehrbücher besorgen. Verknüpfen Sie jeden Buchtitel mit einem Raum oder Gebäudeteil. Decken Sie die Bücherliste ab, nennen Sie acht Walt-Disney-Filme und schreiben Sie die Buchtitel dann auf.

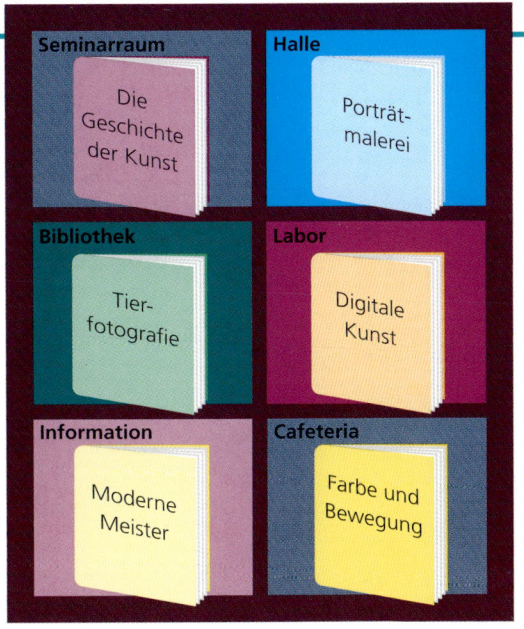

1 _____   4 _____

2 _____   5 _____

3 _____   6 _____

6/6: 1 Punkt

Ihre Punktzahl _____

Auch die Wochentage können als Gedächtnishilfen (Majorbegriffe) dienen, dann erhält jeder Tag ein eigenes, einprägsames Hilfsbild. Bei der Auswahl der Bilder sind Sie ganz frei. Sie können sich zum Beispiel an der Herkunft der Tagesnamen, an ihrer Schreibweise oder an ihrem Klang orientieren. So könnte Montag ein Mond sein, Dienstag ein Diener, Mittwoch der Mittelkreis eines Fußballfelds, Donnerstag ein Gewitter, Freitag ein Freibad, Samstag eine Tüte Blumensamen und Sonntag eine Sonne. Sobald Sie Ihre sieben festen Hilfsbilder gefunden haben, können Sie sich damit Termine für die einzelnen Tage merken. Visualisieren Sie dazu ein Bild, dass das Ereignis mit dem Wochentag verbindet. Wenn Sie sich zum Beispiel merken müssen, dass Ihr Sohn am Dienstag einen Erdkundetest schreiben wird, stellen Sie sich einen Diener vor, der eine Erdkugel trägt. Prägen Sie sich feste Hilfsbilder für die Wochentage ein oder nutzen Sie die vorgegebenen Bilder, bevor Sie zu den Übungen weitergehen.

MONTAG

Geigenunterricht

DIENSTAG

Erdkundetest

MITTWOCH

Tennisturnier

DONNERSTAG

Bibliothek

FREITAG

Kinoklub

8 STUNDENPLAN

Stellen Sie sich vor, Sie sind Schüler und haben jeden Tag Unterricht. Können Sie sich merken, welche Fächer jeweils als Erstes anstehen? Prägen Sie sich mit dem Wochentag-System ein, welches Fach an welchem Tag unterrichtet wird. Nennen Sie acht Berge, bevor Sie die Fächer benennen.

Mo: Geschichte
Di: Spanisch
Mi: Chemie
Do: Biologie
Fr: Wirtschaft

Stundenplan

Mo _____

Di _____

Mi _____

Do _____

Fr _____

4/4: 1 Punkt Ihre Punktzahl _____

TIPP

Eine Übung, mit der Sie Informationen aus Ihrem MFG in Ihrem LZG verankern können, ist, in Gedanken einen vertrauten Weg, etwa den zur Arbeit, abzugehen. Rufen Sie sich alle wichtigen Wegmarken vor Augen und schätzen Sie, wie lange Sie von einer zur anderen benötigen. Benennen Sie Straßen, Läden und andere wichtige Punkte, an denen Sie vorbeikommen. Schmücken Sie Ihre Visualisierung mit Farben, Formen, Geräuschen und Gerüchen möglichst detailliert aus.

9 ÜBUNG ZUM WOCHENTAG-SYSTEM

Es ist Sonntagabend. In der kommenden Woche haben Sie mehrere wichtige Termine, die Sie nicht vergessen dürfen. Nutzen Sie das Wochentag-System, um sich einzuprägen, was an welchem Tag stattfindet. Testen Sie am Montagmorgen, ob Sie sich Ihren Wochenplan gemerkt haben.

Mo: Treffen mit Architekten
Di: Teppiche aussuchen
Mi: Fußballspiel

Do: Chef am Flughafen abholen
Fr: Report einreichen

Sa: Theater
So: Familientreffen

Mo _____

Di _____

Mi _____

Do _____

Fr _____

Sa _____

So _____

7/7: 2 Punkte 6/7: 1 Punkt Ihre Punktzahl _____

10 EINE WOCHE VOLLER MEETINGS

Sie können auch wichtige Aspekte einzelner Termine mit dem Hilfsbild eines Wochentags verknüpfen. Wir haben fünf Termine für Sie zusammengestellt. Lesen Sie die Angaben durch und visualisieren Sie Verknüpfungen mit Ihren Wochentagshilfsbildern. Decken Sie alles ab und warten Sie 5 Minuten, dann versuchen Sie, alle Termine nach Wochentagen geordnet aufzuschreiben.

Montag: Frau Berger vom **Reisebüro Schwarze Lagune**

Dienstag: Herr Danner von der **Turmlicht GmbH**

Mittwoch: Herr Tarnik von **Schild und Folie**

Donnerstag: Herr Phillip vom **Restaurant Muschelhaus**

Freitag: Frau Eile vom **Früchtehaus**

Mo _____

Di _____

Mi _____

Do _____

Fr _____

5/5: 2 Punkte 4/5: 1 Punkt Ihre Punktzahl _____

Mit dem Uhrzeit-System können Sie sich sowohl bestimmte Uhrzeiten einprägen als auch allgemeine Hilfsbilder (Majorbegriffe) bilden. Hierbei dienen die vollen Stunden als Ausgangspunkte. Jede Uhrzeit zur vollen Stunde wird mit einer einprägsamen Visualisierung verknüpft, die sich entweder nach der Zahl oder deren Position auf dem Ziffernblatt richtet. Das Hilfsbild für die zwölf kann zum Beispiel Norden sein, die vier kann an ein Quadrat erinnern, da es vier gleiche Seiten hat, usw. Dann wird das Bild der Uhrzeit mit dem eigentlichen Termin verknüpft. Wenn Sie beispielsweise einen Arzttermin um 12 Uhr haben, stellen Sie sich eine Spritze vor, die nach Norden zeigt. Prägen Sie sich die folgenden Hilfsbilder für die Stunde ein oder erfinden Sie eigene. Dann decken Sie die Uhr ab und zählen acht Bundesstaaten der USA auf, bevor Sie Ihr Gedächtnis überprüfen.

METHODE: UHRZEIT-SYSTEM

11 TERMINPLANER

Prägen Sie sich die folgenden sieben Termine mithilfe des Uhrzeit-Systems 2 Minuten lang ein. Decken Sie die Auflistung ab und denken Sie an fünf verschiedene Dinosaurier. Füllen Sie dann den Terminkalender rechts aus.

9 Uhr: Team-Meeting Marketing

10 Uhr: Verkaufsgespräch

11 Uhr: Quartalszahlen fällig

12 Uhr: Fernsehinterview

14 Uhr: Treffen der Partner

15 Uhr: Vorstellungsgespräche für Rezeption

16 Uhr: Sektstunde Team

9 Uhr _____

10 Uhr _____

11 Uhr _____

12 Uhr _____

14 Uhr _____

15 Uhr _____

16 Uhr _____

7/7: 2 Punkte
6/7: 1 Punkt

Ihre Punktzahl _____

12 WAS LÄUFT IM KINO?

Sie möchten ins Kino gehen, haben aber wenig Zeit, sodass Sie nur kurz in das aktuelle Programm hineinschauen können. Prägen Sie sich in weniger als 2 Minuten ein, welcher Film wann in welchem Kino läuft. Decken Sie die Liste ab, denken Sie an fünf Komödien und listen Sie dann die Filme auf.

17 Uhr: Die rote Rose in der Lichtburg

19 Uhr: Santa vs. Alien im Roxy

20 Uhr: Der Herr der Lüfte im Odeon

23 Uhr: Zu viele Köche im Astor

Für jeden korrekten Film samt Zeit gibt es 1 Punkt.
Ihre Punktzahl _____

13 PILLEN-PLAN

Ein Medikamentenplan kann kompliziert sein. Prägen Sie sich die unten angegebene Verschreibung mithilfe des Uhrzeit-Systems 1 Minute lang ein, decken Sie sie ab und schreiben fünf Ihrer Lieblingsfilme auf. Dann testen Sie sich.

Blaue Pille
11 und 16 Uhr _____

Rote Pille
14 Uhr _____

Augentropfen
8, 12 und 16 Uhr _____

Grüne Kapsel
9 und 18 Uhr _____

Für jedes korrekte Medikament samt Uhrzeit gibt es 1 Punkt. Ihre Punktzahl _____

14 FERNSEHPROGRAMM

Wenn Sie das Wochentag- und das Uhrzeit-System kombinieren, werden Sie nie wieder eine Ihrer Lieblingssendungen im Fernsehen verpassen. Möchten Sie beispielsweise den Historienschinken am Montag um 19 Uhr sehen, können Sie sich eine untergehende Sonne (als alternatives Hilfsbild für 7 Uhr) und einen aufgehenden Mond (als Hilfsbild für Montag) vorstellen. Prägen Sie sich das Fernsehprogramm unten 2 Minuten lang auf diese Weise ein. Dann zählen Sie fünf Gemüsesorten auf, bevor Sie versuchen, sich zu erinnern, wann welche Sendung läuft.

Montag, 20 Uhr
Familie Hoppenstedt

Dienstag, 19 Uhr
Reitturnier in Aachen

Mittwoch, 20 Uhr
Berichte aus aller Welt

Donnerstag, 21 Uhr
Die Vögel Afrikas

Samstag, 10 Uhr
Ich koch' mal schnell

Sonntag, 14 Uhr
Gartenparadiese

1 _____

2 _____

3 _____

4 _____

5 _____

6 _____

6/6: 2 Punkte
5/6: 1 Punkt

Ihre Punktzahl _____

15 FESTIVAL-SOMMER

Sie sind auf einem Musikfestival und wollen Ihre Lieblingsbands nicht verpassen. Mit der Kombination aus Wochentag- und Uhrzeit-System gelingt Ihnen das bestimmt. Nennen Sie zunächst fünf Fernsehsender, bevor Sie die Bands aufzählen.

Fr, 14 Uhr: Berry Heads

Fr, 20 Uhr: Terrific Cones

Sa, 18 Uhr: The Bandanas

1 _____

2 _____

3 _____

4 _____

5 _____

6 _____

Sa, 20 Uhr: Honey Badger

So, 20 Uhr: Susi Spade

So, 0 Uhr: Argento Gents

6/6: 2 Punkte
5/6: 1 Punkt

Ihre Punktzahl _____

16 OLYMPISCHE SPIELE

Bei den Olympischen Spielen steht eine interessante Woche an und Sie wollen einige Sportarten nicht verpassen. Prägen Sie sich die Übertragungszeiten mithilfe des Wochentag- und des Uhrzeit-Systems 1 Minute lang ein. Decken Sie die Abbildung ab und benennen Sie fünf Ballsportarten. Dann erinnern Sie sich an die Übertragungszeiten.

Freitag, 9 Uhr
200 m Hürden der Männer

Mittwoch, 10.30 Uhr
Tennis Herren

Donnerstag, 13 Uhr
100 m Freistil der Damen

Donnerstag, 18 Uhr
Kugelstoßen Damen

Montag, 11 Uhr
Bogenschießen Damen

Sonntag, 19 Uhr
Judo Herren

1 _____ 5 _____

2 _____ 6 _____

3 _____ **6/6: 1 Punkt**

4 _____ **Ihre Punktzahl _____**

17 KARIBIK-KREUZFAHRT

Auf dem Kreuzfahrtschiff werden während der einwöchigen Fahrt viele Aktivitäten angeboten, die Sie nicht verpassen möchten. Prägen Sie sich den Veranstaltungsplan unten 2 Minuten lang mithilfe des Wochentag- und des Uhrzeit-Systems ein. Decken Sie ihn ab, nennen Sie fünf Meere und schreiben Sie den Plan auf.

Sonntag, 8 Uhr
Begrüßung durch den Kapitän und Schiffsrundgang

Montag, 12 Uhr
Aqua-Aerobic

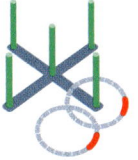
Mittwoch, 14 Uhr
Ringwurfspiel auf Deck 2

Dienstag, 23 Uhr
Cabaret- und Revue-Abend im Theater

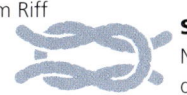
Donnerstag, 6 Uhr
Schnorchelausflug zum Riff

Freitag, 22 Uhr
Karaoke in der Captain's Lounge

Samstag, 17 Uhr
Nautische Knoten mit dem Quartiermeister

1 _____ 6 _____

2 _____ 7 _____

3 _____

4 _____ **7/7: 4 Punkte 6/7: 3 Punkte**
5/7: 2 Punkte 4/7: 1 Punkt

5 _____ **Ihre Punktzahl _____**

Ihre Punktzahl /50

 40–50 GOLD
Ihr MFG ist gut auf alle Herausforderungen des Alltags eingerichtet. Mit den Übungen, Tipps und Methoden dieses Kapitels können Sie es in Bestform halten und vielleicht sogar noch etwas verbessern.

 20–39 SILBER
Ihr MFG ist recht gut trainiert. Wenn Sie sich die Herausforderung auf Seite 178 vornehmen und sich die Übungen in diesem Kapitel noch einmal vornehmen, bei denen Sie unsicher waren, können Sie es weiter ausbauen.

 0–19 BRONZE
Ihr MFG macht Ihnen Probleme. Nehmen Sie die Herausforderung auf Seite 178 an und arbeiten Sie dieses Kapitel anschließend noch einmal durch.

 Die Herausforderung finden Sie auf Seite 178.

KAPITEL 5

ICH WEISS ES NOCH GENAU

LANGZEITGEDÄCHTNIS

Ich weiß es noch genau

Das Langzeitgedächtnis (LZG) besteht aus dem episodischen Gedächtnis für biografische Fakten und Ereignisse, dem semantischen Gedächtnis für isolierte Fakten und dem prozeduralen Gedächtnis für Fertigkeiten und Bewegungsabläufe wie das Schnüren der Schuhbänder.

FRAGEBOGEN
Mit diesen Fragen können Sie den Status Ihres Langzeitgedächtnisses leicht feststellen.

1 Wissen Sie noch, wo Sie vor fünf Jahren Urlaub gemacht haben?

Ja/Nein [1 Punkt für »Ja«]

2 Kennen Sie noch den Namen der Straße, in der Sie Ihre erste Arbeitsstelle hatten?

Ja/Nein [1 Punkt für »Ja«]

3 Wissen Sie noch, wie Ihr letzter Mathematiklehrer in der Schule hieß?

Ja/Nein [1 Punkt für »Ja«]

4 Der Zeitplan für Ihre Prüfungen hängt aus. Können Sie sich alle Termine merken, ohne sie aufzuschreiben?

Ja/Nein [1 Punkt für »Ja«]

5 Wenn Sie sich Bücher bei einem Freund ausgeliehen haben, denken Sie ohne Erinnerung daran, sie zurückzugeben?

Ja/Nein [1 Punkt für »Ja«]

6 Ein Kollege sagt Ihnen, dass die nächste Abteilungsfeier in zwei Monaten stattfindet. Erinnern Sie sich ohne Terminkalender an das Datum?

Ja/Nein [1 Punkt für »Ja«]

Wie haben Sie abgeschnitten?

0–2: Ihr episodisches Gedächtnis ist recht schwach. Die Übungen und Methoden in diesem Kapitel können Ihnen helfen, Ihre Leistung zu verbessern.

3–4: Ihr episodisches Gedächtnis ist durchschnittlich, was aber bedeutet, dass Ihnen manchmal wichtige Termine entfallen könnten. Mit den Übungen in diesem Kapitel können Sie Ihre Schwächen finden.

5–6: Ihr episodisches Gedächtnis ist ausgezeichnet. Sie sollte an den Übungen in diesem Kapitel Spaß haben und mit den Methoden können Sie Ihr Gedächtnis weiter auf hohem Niveau halten.

1 WUNDERBARE JAHRE

Auch wenn manche Menschen etwas anderes behaupten, leiden wir alle an infantiler Amnesie: dem Verlust der Erinnerungen an Ereignisse, die sich vor unserem dritten Lebensjahr abgespielt haben. Schreiben Sie hier Ihre fünf frühesten Erinnerungen auf.

2 ZEITSTRAHL

Lassen Sie uns auf einem gedachten Zeitstrahl einen Ausflug in Ihre Vergangenheit machen. Bewerten Sie Ihre Erinnerungen auf einer Skala von 0 (für »absolut nicht«) bis 5 (sehr gut«), notieren Sie den Gesamtwert.

Erinnerung

_____	Einschulung (Grundschule)
_____	Erstes Klassenzimmer
_____	Erster Tag, weiterführende Schule
_____	Erstes Rendezvous
_____	Abschlussnote(n) (Schule)
_____	Führerscheinprüfung
_____	Abschlussfeier (Schule)
_____	Erste Arbeitsstelle
_____	Hochzeit
_____	Einzug ins erste eigene Heim
_____	Geburt des ersten Kindes
_____	Tag der Pensionierung

Ihr Gesamtwert _____

Zum Errechnen Ihres Gesamtwerts multiplizieren Sie die Punkte mit zehn. Dann zählen Sie die Fragen, die Sie beantwortet haben, und multiplizieren diesen Wert mit fünf. Dividieren Sie das erste Ergebnis durch das zweite Ergebnis, so ergibt sich die Punktzahl (maximal 10).

Ihre Punktzahl _____

3 DER STAMMBAUM

Die Geschichte Ihrer Familie ist ein wichtiger Teil Ihrer biografischen Identität. Nutzen Sie den Stammbaum hier als Vorbild und versuchen Sie, auf einem separaten Blatt einen eigenen Stammbaum zu erstellen. Gehen Sie dabei so weit wie möglich zurück.

Urgroßvater	Urgroßmutter	Urgroßvater	Urgroßmutter	Urgroßvater	Urgroßmutter	Urgroßvater	Urgroßmutter

Großvater	Großmutter	Großvater	Großmutter

Vater	Mutter

Sie

METHODE: SINNESERINNERUNG

Selbst bei Menschen, die Probleme haben, sich an biografische Ereignisse zu erinnern, kommen Erinnerungen plötzlich durch das Wahrnehmen bestimmter Sinneseindrücke zurück. Am besten nimmt man sich jeden Sinn einzeln vor. »Was hast du gerochen?«, »Gab es Geräusche?« usw. Unten finden Sie ein paar Beispiele. Können Sie sich erinnern, welche Sinneseindrücke sich bei diesen Reiseerlebnissen eingestellt haben?

Erster Urlaub am Meer

Erster Urlaub im Ausland

4 POSTKARTE AUS DER VERGANGENHEIT

Erinnern Sie sich an Ihre Sinneseindrücke bei diesen Ereignissen?

	Letzter Urlaub	**Letzte Autofahrt**	**18. Geburtstag**	**Letztes Essen auswärts**

Für Ereignisse mit 5/5 erinnerten Kategorien gibt es 2 Punkte, **für 4/5 Kategorien** 1 Punkt. **Ihre Punktzahl** _____

Manchmal können wir uns an die Namen alter Bekannter oder entfernter Verwandter nicht mehr erinnern. Mit dieser Methode helfen Sie Ihrem Gedächtnis auf die Sprünge. Dazu verbinden Sie die Figuren einer vertrauten Geschichte mit den Gesichtern und Namen der Personen, an die Sie sich erinnern möchten, und bilden daraus einprägsamen Visualisierungen. Prägen Sie sich zur Übung fünf Freunde 5 Minuten lang anhand der Figuren aus *Schneewittchen und die sieben Zwerge* ein, wie im Beispiel vorgegeben. Decken Sie die Gesichter dann ab, denken Sie an Ihre Visualisierungen und schreiben Sie die Namen auf.

Happy = Jessica

Prinz = Mark

Chef = Pedro

Schlafmütze = Gert

Schneewittchen = Petra

METHODE: BESETZUNGSLISTE

5 FIGURENSUCHE

Entwickeln Sie nun Ihre eigenen Visualisierungen. Sie können dafür Figuren aus einem Roman, einem Film oder auch einem Comic wählen. Dann visualisieren Sie die Namen und besonderen Merkmale der Personen weiter unten mithilfe Ihrer Figuren und prägen sie sich 3 Minuten lang ein. Benennen Sie fünf Nutztiere und listen Sie dann die Personen auf.

Nadine ist sehr groß.

Michael hat einen Schnurrbart.

Günther trägt bei jedem Wetter kurze Hosen.

Tom kommt aus Kanada.

Sabine hat sechs Brüder.

Edith hat immer eine Tüte Bonbons dabei.

_____   _____

_____   _____

_____   _____

6/6: 2 Punkte 5/6: 1 Punkt Ihre Punktzahl _____

Termine, die wir uns einprägen, sind wie alle anderen isolierten Fakten Teil unseres semantischen Gedächtnisses. Genau wie bei anderen Hilfsbildsystemen wird auch bei der Kalender-Methode das Erinnerungsvermögen gestärkt, indem semantische Informationen mit einem lebhaften, einprägsamen und gut abrufbaren Bild stärker verankert werden.

Da wir mit den Monaten des Jahres vertraut sind, eignen sie sich besonders gut zur Bildung von Hilfsbildern, denn wir können sie uns sehr leicht merken. Die Liste der Hilfsbilder unten richtet sich nach der Jahreszeit oder dem jeweiligen Monatsnamen. Wenn Sie beispielsweise den Abteilungsausflug im Mai erinnern möchten, stellen Sie sich Ihre Kollegen beim Picknick auf einer Blumenwiese vor. Prägen Sie sich die Hilfsbilder zu den Monaten ein und decken Sie sie ab. Schreiben Sie das Alphabet rückwärts auf und versuchen sich dann, zu erinnern.

Mai

August

November

Dezember

Januar: Janus, der zweigesichtige Gott

Februar: Fasching, Karneval

März: Mars, Planet

April: Osterhase

Mai: Blumen

Juni: Hochzeit (Juno, Göttin der Ehe)

Juli: Theater (Romeo und Julia)

August: Ferien

September: Zepter

Oktober: Herbstlaub

November: Feuerwerk

Dezember: Geschenke

METHODE: KALENDER-SYSTEM

TIPP

Einprägsame Bilder zur Unterstützung des Gedächtnisses zu verwenden ist eine altbewährte Methode. Egal ob man den sprichwörtlichen Knoten im Taschentuch, eine Haftnotiz am Kühlschrank oder kreativere Lösungen nutzt, jede visuelle Gedächtnisstütze kann helfen, Erinnerungsprobleme zu vermeiden.

6 ÜBUNG ZUM KALENDER-SYSTEM

Testen Sie Ihre Kalender-Hilfsbilder.
Prägen Sie sich mit ihrer Hilfe die
sechs wichtige Termine rechts ein.
Decken Sie die Termine ab, nennen Sie
fünf Eissorten und listen Sie dann die
Termine auf.

1 _____

2 _____

3 _____

4 _____

5 _____

6 _____

6/6: 1 Punkt   Ihre Punktzahl _____

Februar
Nachbarskatze
füttern

März
Schulfest

Mai
Hochzeitstag

September
Schulanfang

Oktober
Urlaub in
Frankreich

November
Fußball-
Länderspiel

7 VISUELLER TERMINKALENDER

Verwandeln Sie die folgenden Termine mithilfe des Kalender-Systems in einprägsame Visualisierungen. Lesen Sie die Liste durch und malen Sie für jeden Termin ein entsprechendes Bild
in den Terminkalender. Decken Sie die Bilder ab und listen Sie die Termine dann in richtiger
Reihenfolge auf.

Ausverkauf Frühjahrsmode: **April**
Hausversicherung erneuern: **Juli**
Wagen zum TÜV: **August**
Narzissenzwiebeln pflanzen:
Oktober

August

Oktober

Juli

April

4/4: 1 Punkt   Ihre Punktzahl _____

8 GEBURTSTAGSRÄTSEL

Es ist immer praktisch, wenn jemand an einem auffälligen Datum Geburtstag hat. Wenn Tante Flora beispielsweise am 6. Dezember, also an Nikolaus, Geburtstag hat, kann man sich den heiligen Nikolaus mit einem Blumenstrauß statt einer Rute vorstellen. Der Blumenstrauß steht dabei für den Namen Flora. Prägen Sie sich die folgenden erfundenen Geburtstage von Verwandten 2 Minuten lang ein, decken Sie sie ab und beantworten Sie die folgenden Fragen.

Cousin Klaus hat am **14. Juli**, dem französischen Nationalfeiertag, Geburtstag.

Cousin Oliver aus England hat am **11. November** Geburtstag, dem britischen Veteranentag.

Onkel Paul hat am **24. Dezember**, an Weihnachten, Geburtstag.

1 An welchen Tag hat **Onkel Paul** Geburtstag?
2 Wessen Geburtstag ist der **14. Juli**?
3 Wann hat **Cousin Oliver** Geburtstag?

1 _____

2 _____

3 _____

3/3: 1 Punkt   Ihre Punktzahl _____

9 GEBURTSTAGSGRÜSSE

Eine andere Methode, um nie wieder Geburtstage zu vergessen, besteht darin, das Kalender- und das Zahl-Reim-System zu kombinieren.

Wenn Sie sich zum Beispiel einfach nicht merken können, dass Ihre Nichte Bea am 3. Mai Geburtstag hat, dann visualisieren Sie für den Monat Bea mit einem Maikäfer im Haar.

Ihr Reimwort für drei könnte Brei sein, also visualisieren Sie Bea mit einer Schüssel Brei.

Um beide Bilder zu verknüpfen, stellen Sie sich Bea mit einem Käfer im Haar vor, die einen Teller Brei isst.

Nutzen Sie Ihre eigenen Hilfsbilder, um sich die folgenden Geburtstage zu merken. Decken Sie die Liste ab und sagen Sie Ihre Telefonnummer rückwärts auf. Dann erinnern Sie die Daten.

Nichte Bea: **3. Mai**
Cousin Willi: **13. August**
Tante Michaela: **8. März**
Cousine Maike: **25. April**
Neffe Steffen: **27. November**

1 _____

2 _____

3 _____

4 _____

5 _____

5/5: 1 Punkte   Ihre Punktzahl _____

10 JAHRESTAG-MEMORY

Geburtstage sind nicht die einzigen wichtigen Daten, die man sich merken will. Prägen Sie sich mit Ihren eigenen Hilfsbildern zum Kalender- und zum Zahl-Reim-System folgende Jahrestage ein, die Sie besser nicht vergessen sollten. Visualisieren Sie sie 2 Minuten lang, decken Sie die Liste dann ab und schreiben Sie sie nach 5 Minuten auf.

Hochzeitstag Ihrer Eltern

Ihr Hochzeitstag

Der Geburtstag Ihres Partners/Ihrer Partnerin

Geburtstag Ihres besten Freundes/Ihrer besten Freundin

1 _____

2 _____

3 _____

4 _____

4/4: 1 Punkt

Ihre Punktzahl _____

11 RÜCKGABEDATEN

Sie haben sechs Bücher in der Bibliothek ausgeliehen und verlängert. Aber: Alle haben unterschiedliche Leihfristen. Prägen Sie sich die Bücher und Rückgabedaten mit einer Kombination aus Kalender- und Zahl-Reim-System ein. Decken Sie alles ab, nennen Sie acht asiatische Länder und schreiben Sie die Liste auf.

Vergessene Welt: **10. Januar**
In 80 Tagen um die Welt: **4. Februar**
Der Hund von Baskerville: **6. April**
Die Schatzinsel: **1. August**
Der letzte Mohikaner: **2. September**
Frankenstein: **8. November**

Rückgabe bis
10. Januar

1 _____

2 _____

3 _____

4 _____

5 _____

6 _____

6/6: 1 Punkt   Ihre Punktzahl _____

12 KNOTENMUTTER, HILF UNS!

Ein Teil des Langzeitgedächtnisses ist das prozedurale Gedächtnis. Es speichert Fertigkeiten, keine Fakten. Wenn man beispielsweise einen Bewegungsablauf, etwa das Fahrradfahren, erlernt, wird eine prozedurale Langzeiterinnerung gespeichert. Eine gute Methode, dieses Gedächtnis zu trainieren, ist die Ausführung solcher Tätigkeiten, beispielsweise des Knotenmachens. Nehmen Sie zwei mindestens 30 Zentimeter lange Kordeln und folgen Sie den Anweisungen rechts, um den doppelten Spierstich zu knoten. Er ist praktisch, um zwei Seilenden zu verbinden. Üben Sie den Knoten sechs bis sieben Mal und versuchen Sie am Folgetag, ob Sie ihn aus der Erinnerung geschafft bekommen.

Für den korrekt geknoteten Knoten gibt es 1 Punkt.

Ihre Punktzahl _____

1 Die Kordelenden entgegengesetzt nebeneinanderlegen.

2 Jedes Kordelende um die andere Kordel schlingen und beide fest zusammenknoten.

3 So an den Kordelenden ziehen, dass die beiden Knoten als zwei »X« nebeneinanderliegen.

13 KNOTENKÜNSTE

Wenn Sie Ihr prozedurales Gedächtnis nutzen, ist das nicht nur Gehirnjogging, sondern Sie erwerben auch praktische Fertigkeiten. Versuchen Sie einmal, den Knoten Rundtörn mit zwei halben Schlägen zu lernen, mit dem man ein Seil an einem Ring befestigen kann. Folgen Sie den sechs Schritten und üben Sie fünf bis sechs Mal. Testen Sie am Folgetag, ob Sie den Knoten beherrschen.

1 Eine Schlaufe um den Ring legen.

2 Eine zweite Schlaufe um den Ring legen – das ist der Rundtörn.

3 Die freien Enden des Seils unterhalb des Rings überkreuzen.

4 Das rechte ums linke Ende schlingen, durchziehen (erster halber Schlag).

5 Mit dem rechten Ende erneut das linke Ende umschlingen.

6 Das Seil wieder hinten durchziehen. Dies ist der zweite halbe Schlag.

7 Den Knoten durch Ziehen an beiden Enden fest verknüpfen.

7/7 Schritten: 2 Punkte 4–6 /7 Schritten: 1 Punkt Ihre Punktzahl _____

14 PINGUINE FALTEN

Auch mit Origami können Sie Ihr prozedurales Gedächtnis trainieren. Färben Sie ein quadratisches Blatt Papier auf einer Seite ein, damit sie sich deutlich unterscheiden. Beginnen Sie mit der weißen Seite nach unten und folgen Sie der Anleitung. Üben Sie die Faltungen fünf Mal und testen Sie dann, wie viele davon Sie sich gemerkt haben.

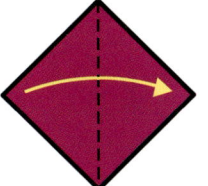 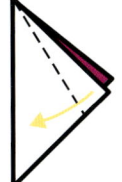 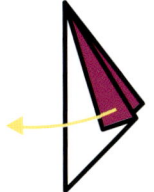

1 Das Blatt diagonal falten, sodass zwei Dreiecke entstehen.

2 Die beiden oberen Kanten bis zur Hälfte zurückfalten.

3 Das Blatt mit gefalteten Kanten aufklappen.

  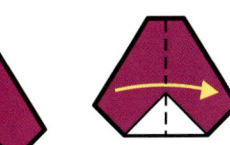

4 Die stumpfe untere Ecke nach oben falten.

5 Die spitze obere Ecke kurz zur anderen Seite falten.

6 Dann das Blatt wieder zusammenfalten.

 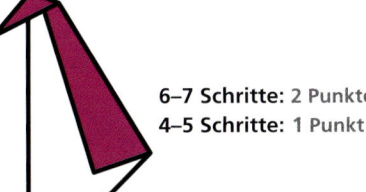

7 Den Kopf nach oben schieben.

6–7 Schritte: 2 Punkte
4–5 Schritte: 1 Punkt

Ihre Punktzahl _____

15 PAPIERBECHER FALTEN

Diese etwas kompliziertere Figur wird eine praktische Papiertasse. Folgen Sie den einzelnen Schritten unten und üben Sie fünf Mal. Dann testen Sie, wie viele Faltungen Sie sich gemerkt haben.

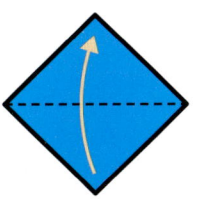 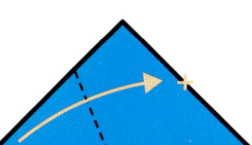

1 Das Blatt diagonal zu einem Dreieck falten (lange Kante unten).

2 Die linke Ecke einfalten, sodass sie rechts an der Kante anliegt.

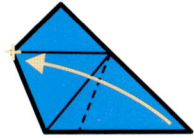 

3 Die rechte Ecke einfalten, sodass sie links an der Kante anliegt.

4 Das erste obere Dreieck nach unten falten.

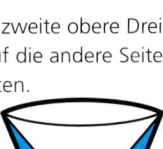

5 Das zweite obere Dreieck auf die andere Seite umfalten.

6 An den oberen Dreiecken ziehen, um die Tasse zu öffnen.

5–6 Schritte: 3 Punkte
3–4 Schritte: 2 Punkte
1–2 Schritte: 1 Punkt

Ihre Punktzahl _____

Ihre Punktzahl **/40**

30–40 GOLD

Sie haben ein ausgezeichnetes LZG für große wie kleine Dinge. Sie sollten Ihre Erinnerungsgabe nutzen und Ihre Memoiren zu Papier bringen.

10–29 SILBER

Ihr LZG ist durchschnittlich gut. Wenn Sie dieses Kapitel in ein paar Tagen erneut durcharbeiten, werden Sie feststellen, dass Ihr Gedächtnis angeregt wurde und Sie sich an mehr erinnern.

0–9 BRONZE

Es gibt einige Schwächen in Ihrem LZG; es wäre gut, wenn Sie es ein wenig trainieren würden. Sie können nämlich durch Anregen Ihres episodischen Gedächtnisses (für biografische Fakten) die Lücken schließen.

 Die Herausforderung finden Sie auf Seite 178.

KAPITEL 6

IRGENDWO AN DER PIN-WAND

PINS UND PASSWÖRTER

Irgendwo an der PIN-Wand

Viele verzweifeln wegen der vielen PINs und Passwörter, die man sich heute merken muss, vor allem, weil sie immer komplizierter aufgebaut sein sollen. Dieses Kapitel bietet Tipps, wie Sie sichere und einprägsame Passwörter erstellen und wie Sie sich PINs merken können.

FRAGEBOGEN

Mit diesem Fragebogen finden Sie schnell heraus, ob Sie eine lebende Sicherheitslücke oder ein Passwortkönig sind.

1 Können Sie sich normalerweise all Ihre Passwörter merken oder schreiben Sie sie auf?

Gemerkt/aufgeschrieben
[1 Punkt **für »gemerkt«**]

2 Wird Ihnen häufiger ein Zugang wegen falscher Passworteingabe gesperrt?

Häufig/selten
[1 Punkt **für »selten«**]

3 Haben Sie Ihren Browser so eingestellt, dass er sich Passwörter automatisch merkt?

Ja/Nein
[1 Punkt **für »Nein«**]

4 Haben Sie ein Passwort oder eine PIN im voreingestellten Standardformat – etwa »Passwort« oder »1234« – belassen und nicht geändert?

Ja/Nein
[1 Punkt **für »Nein«**]

5 Verwenden Sie als Passwort oder PIN den Namen von Familienmitgliedern, Geburtsdaten, Haustiernamen oder einen Teil Ihrer Adresse?

Ja/Nein
[1 Punkt **für »Nein«**]

6 Haben Sie ein System, mit dem Sie sich verschiedene PINs oder Passwörter merken können, oder bauen Sie auf das Prinzip Hoffnung?

System/Prinzip Hoffnung
[1 Punkt **für »System«**]

Wie haben Sie abgeschnitten?

0–2: Sie haben es schwer mit den vielen PINs und Passwörtern und versuchen sich mit Notlösungen zu behelfen. Das gefährdet leider teilweise Ihre Sicherheit. Mit den Tipps in diesem Kapitel können Sie lernen, sicherere und einprägsame Passwörter zu erstellen.

3–4: Sie kämpfen ein wenig mit Ihren vielen PINs und Passwörtern. Die folgenden Tipps und Methoden werden Ihnen den Alltag bestimmt erleichtern.

5–6: Sie können sich PINs und Passwörter gut merken, aber halten Sie sich auch an alle wichtigen Sicherheitshinweise? Mit den Tipps in diesem Kapitel können Sie die Sicherheit Ihrer Passwörter vielleicht noch erhöhen.

1 NAMEN UND DATEN

Eine praktische Möglichkeit, Buchstaben und Ziffern zu kombinieren, bieten Geburtstage. Verbinden Sie die Anfangsbuchstaben des Namens von Freunden oder Verwandten mit deren Geburtstag (aber niemals mit Ihren eigenen Daten). Jörg Schmidt, 15. Februar 1956, wird zu JöSc15Feb1956 oder zu 1956Jö15ScFeb. Üben Sie auf einem Blatt Papier mit den Daten Ihrer Familie.

Verwandter	Name	Geburtstag
Vater	_____	_____
Mutter	_____	_____
Großvater	_____	_____
Großmutter	_____	_____
Bruder/Schwester	_____	_____

2 LEETSPEAK

Die Abkürzung »Leet« entstand aus dem »Elite«-Status des Computernerds beim Umgang mit Programmen. So wurde Leetspeak zu einem Online-Alphabet der Geeks, bei dem die üblichen Buchstaben durch Symbole ersetzt werden. Es ist ein gutes System, um sichere Passwörter zu erzeugen. Können Sie mithilfe der Tabelle die fünf Passwörter verschlüsseln?

A BULLDOGGE _____

B XYLOPHON _____

C GEBURTSTAG _____

D KALORIEN _____

E HOLSTENTOR _____

A @	B |3	C (	D |)	E 3	F |=
G 9	H #	I !	J _|	K 1<	L 1
M IVI	N I\I	O *	P IO	Q O_	R |2
S $	T 7	U ⊔	V V	W VV	X %
Y '/,	Z 2				

Lösungen auf Seite 180

5/5: 1 Punkt   Ihre Punktzahl _____

Lösungen auf Seite 180

TIPP

Sie benötigen Hilfe, um sich ein Passwort merken zu können? Dann notieren Sie nicht das Passwort selbst, sondern eine Eselsbrücke, die nur Sie verstehen, ein Dieb aber nicht. Wenn Sie zum Beispiel ein Passwort verwenden, das den Namen eines Familienmitglieds enthält, schreiben Sie dessen Spitznamen auf, den außerhalb der Familie keiner kennt.

3 BUCHSTABENREIHEN

Sie können jede Tastatur mit einem einfachen Trick in eine Kodiermaschine verwandeln. Nutzen Sie dazu einfach die Buchstabenreihen unter den Zahlen. In der Abbildung liegen die Buchstaben QAZ unter der 1, unter der 6 liegen YHN (da Tastaturen je nach Sprache variieren, nutzen Sie später für ein eigenes System auch Ihre eigene Tastatur). Wenn Sie für eine kurze Zahlenfolge die jeweils darunter liegenden Buchstaben tippen, erhalten Sie ein sehr sicheres Passwort. Mit der abgebildeten Tastatur eingegeben, ergibt 1980 die folgende Buchstabensequenz: qazol.ik,p;/. Üben Sie mit diesen Zahlen:

Zahlen		Passwort
A	4046	_____
B	1979	_____
C	2005	_____
D	8238	_____

Lösungen auf Seite 180
4/4 korrekt: 1 Punkt   Ihre Punktzahl _____

4 GRUNDSYSTEM

Jedes einzelne Ihrer Passwörter mag sehr einprägsam sein, aber wie merken Sie sich, welches Passwort zu welchem Zugang gehört? Eine Möglichkeit ist ein sicheres Grundpasswort, dass Sie für alle möglichen unterschiedlichen Zugänge nutzen können. Es wird für jeden Zugang auf erkennbare Weise angepasst, denn es wäre unvorsichtig, überall das gleiche Passwort zu verwenden. Jeder Zugang steuert dann die wichtige Zusatzinformation bei.

Nutzen Sie das Akronym eines einprägsamen Satzes oder Spruchs oder zum Beispiel den Titel Ihres Lieblingsbuchs oder -films als Grundpasswort. Aus »20 000 Meilen unter dem Meer« wird so »20TMUDM« Üben Sie das Erstellen eines Grundpassworts mit den folgenden Zeilen:

A Alle für einen und einer für alle.　　　　　_____

B Man müsste noch mal 20 sein.　　　　　_____

C Mein Hut hat drei Ecken.　　　　　_____

D In 80 Tagen um die Welt.　　　　　_____

Lösungen auf Seite 180
4/4 korrekt: 1 Punkt   Ihre Punktzahl _____

5 SYSTEMVERLIEBT

Enthält Ihr Grundpasswort keine Zahlen, ist es sinnvoll, ein paar Ziffern einzufügen, um es sicherer zu machen. Eine einfache und sehr einprägsame Methode besteht darin, die Zahl der Wörter, aus denen das Akronym besteht, dem Passwort voranzustellen. »Pack endlich mal den Tiger in den Tank« würde so zu »8PEMDTIDT«.

Ausgeschrieben	**Grundpasswort mit Zahl**
A Die unerträgliche Leichtigkeit des Seins	_____
B You Can't Always Get What You Want	_____
C Durch das wilde Kurdistan	_____
D Morgenstund' hat Gold im Mund	_____

Lösungen auf Seite 181
4/4: 1 Punkt Ihre Punktzahl _____

6 PASSWORT NACH MASS

Üben Sie nun, Ihr Grundpasswort für die jeweilige Website, für die Sie es benötigen, anzupassen. Für ein solch maßgeschneidertes Passwort stellen Sie Ihrem erweiterten Grundpasswort einfach drei Buchstaben oder Zahlen der Website oder des genutzten Kontos voran. Lautet dieses »8PEMDTIDT« und die Website heißt »www.moneybank.de«, dann wird das Passwort zu »mon8PEMDTIDT«. Üben Sie diese Methode mit den folgenden Seiten:

Website	**Maßgeschneidertes Passwort**
A www.green.com	_____
B www.evensquare.com	_____
C www.y3ksounds.org	_____
D www.legalbet.com	_____

Lösungen auf Seite 181
4/4 korrekt: 1 Punkt Ihre Punktzahl _____

7 BUCHSTABENTAUSCH

Eine andere Möglichkeit, das Grundpasswort auf
verschiedene Zugänge anzupassen, ist der Austausch von Buchstaben nach einer festen Regel.
Eine solche Regel könnte beispielsweise lauten:
»Ersetze die Buchstaben des Grundpassworts an
entsprechender Stelle durch die Vokale der Website«. Bei ihrem Grundpasswort 8PEMDTIDT würde
bei der Website www.oakdoor.com P zu O, E zu
A, T zu O und I zu O. Ihr Passwort würde dann
lauten: 8OAMOODT. Üben Sie dieses System mit
den folgenden Websites:

Website	Maßgeschneidertes Passwort
A www.green.com	_____
B www.evensquare.com	_____
C www.y3ksounds.org	_____
D www.legalbet.com	_____

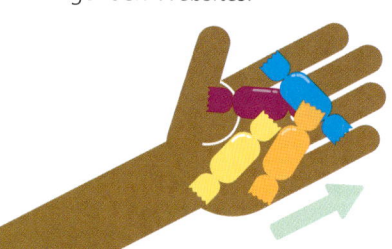

Lösungen auf Seite 181

4/4 korrekt: 1 Punkt Ihre Punktzahl _____

8 GENAU MASS GENOMMEN

Sie können Ihr Passwort noch sicherer gestal-
ten und es gleichzeitig für jeden Zugang
anpassen, indem Sie es nach einem Merkmal
des Websitenamens umformen. Stellen Sie
zum Beispiel nicht nur die ersten Buchstaben
der Website dem Passwort voran, sondern
verändern Sie zudem dessen Länge so, dass
sie der des Websitenamens entspricht. Aus
dem Grundpasswort 8PEMDTIDT würde für
die Website www.oakdoor.com demnach:
oak8PEM. Üben Sie dies mit dem Grundpasswort 8PEMDTIDT und passen Sie es jeweils für
die folgenden Websites an:

Website	Maßgeschneidertes Passwort
A www.green.com	_____
B www.evensquare.com	_____
C www.y3ksounds.org	_____
D www.legalbet.com	_____

Lösungen auf Seite 181

4/4 korrekt: 1 Punkt Ihre Punktzahl _____

9 PASSWÖRTER KREIEREN

Nutzen Sie das System, das Ihnen am meisten zusagt, und erzeugen Sie damit für die folgenden acht Websites rund um das Thema Urlaub sichere Passwörter. Prägen Sie sich die Passwörter gut ein, sie werden in diesem Kapitel noch abgefragt.

www.geldaufbank.de _____

www.mietdireinauto.de _____

www.buchfuerstrand.de _____

www.bettedeinhaupt.de _____

www.tolleklamotten.de _____

www.buchdochbeiuns.de _____

www.flugindiesonne.de _____

www.unterwegsversichert.de _____

10 PINS TRAINIEREN

Persönliche Identifikationsnummern (PINs) sind zwar nur vierstellig, aber trotzdem schwer zu merken, wenn man mit einem halben Dutzend oder mehr davon jonglieren muss. Um festzustellen, wie gut Sie sich PINs generell merken können, prägen Sie sich die folgenden ein und testen Sie nach frühestens 1 Stunde, wie viele Sie erinnern.

6012   _____

5585   _____

1003   _____

9174   _____

4/4 korrekt: 1 Punkt   Ihre Punktzahl _____

11 ZAHLENREIHEN

Das System der Buchstabenreihen (siehe Seite 86) können Sie auch umgekehrt nutzen. Dann finden Sie für jede Zahl einer vierstelligen PIN mindestens einen Buchstaben und bilden daraus ein einprägsames Akrostichon. Lautet die PIN zum Beispiel 6546, könnten Sie sich die Buchstaben HTFN mit dem Satz »Habe Tee für nachher« merken. Wenn Sie eine Tastatur vor sich haben, müssen Sie sich nur noch den Satz merken. Verwenden Sie die unten abgebildete Tastatur, um die verschlüsselten PINs zu finden.

Akrostichon   **PIN**

A Sei doch kein Esel.   _____

B Ich liebe rote Schuhe.   _____

C Nord Süd Ost West.   _____

D Der König der Löwen.   _____

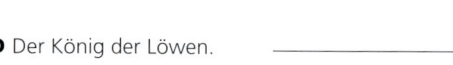

Lösungen auf Seite 181
4/4 korrekt innerhalb 1 Minute: 1 Punkt   Ihre Punktzahl _____

12 VIER-WORT-DEKODIERER

PINs lassen sich viel besser merken, wenn man sie mit einem einprägsamen Satz verbindet. So können die Zahlen einer PIN etwa die Wortlängen eines Satzes bestimmten. Die Worte des Merksatzes für die PIN 3425 würden demnach aus drei Buchstaben, vier Buchstaben, zwei Buchstaben und fünf Buchstaben bestehen: »Ein Loch im Eimer«. Können Sie die so kodierten PINs unten entschlüsseln? Decken Sie sie ab, warten Sie 30 Minuten und prüfen Sie dann, ob Sie sie auf einem separaten Blatt aufschreiben können.

Vier-Wort-Satz	PIN
Ich tanze im Regen.	_____
Rote Ritter reiten rückwärts.	_____
Die Biene stach zu.	_____
Mann mit großem Hut.	_____
Bis in alle Ewigkeit.	_____

5/5 korrekt: 1 Punkt Ihre Punktzahl _____

13 VIER-WORT-MERKSÄTZE

Trainieren Sie nun, eigene Vier-Wort-Merksätze zu bilden. Denken Sie sich eine Eselsbrücke mit vier Wörtern für jede der unten stehenden PINs aus. Decken Sie die PINs und Merksätze anschließend ab und testen Sie nach 1 Stunde, ob Sie es schaffen, sie alle auf einem separaten Blatt Papier aufzuschreiben.

PIN	Vier-Wort-Merksatz
5324	_____
	_____
8437	_____
	_____
6244	_____
	_____

3/3 korrekt: 1 Punkt Ihre Punktzahl _____

TIPP

Einige der Experten für Internetsicherheit vertreten die Meinung, dass es wahrscheinlich sinnvoller ist, ein sicheres Passwort irgendwo aufzuschreiben, statt ein unsicheres Passwort zu verwenden. Wenn Sie Ihre Notizen hierzu an einem mit Bedacht ausgewählten Ort aufbewahren, merken Sie wahrscheinlich auch eher, wenn jemand sie gefunden hat. Für noch mehr Sicherheit sorgen Sie, wenn Sie sich das Passwort nicht im Klartext notieren, sondern eine für Sie eindeutige Eselsbrücke aufschreiben.

14 BUCHSTABENPAARE

Sie können sich die Zahlen einer PIN auch anhand von Buchstabensequenzen merken. Die ersten zehn Buchstaben des Alphabets könnten dabei beispielsweise für die Zahlen von 0 bis 9 stehen. A wäre 0, B wäre 1 usw. Wenn man nun die vierstelligen Zahlen in zwei Buchstabenpaare überträgt, kann man sie sich als Initialen berühmter Menschen oder Abkürzungen Ihrer Wahl einprägen. Bei der PIN 1631, wären die entsprechenden Buchstabenpaare zum Beispiel BG und DB. Diese könnten Sie sich dann als Bee Gees und David Beckham merken. Finden Sie eine Visualisierung, in der Sie beide Namen verbinden, und Sie haben eine perfekte Eselsbrücke für Ihre PIN. Trainieren Sie diese Methode mit den folgenden PINs:

PIN	Buchstaben	Berühmte Personen	Visualisierung
4407	_____	_____	_____
6383	_____	_____	_____
3251	_____	_____	_____

15 BUCHSTABENPAARE PLUS

Wenn man nur die ersten zehn Buchstaben des Alphabets nutzt, sind passende Namen teilweise schwer zu finden. Dann hilft eine Tabelle wie diese weiter:

0	1	2	3	4	5	6	7	8	9
A	B	C	D	E	F	G	H	I	J
K	L	M	N	O	P	Q	R	S	T
U	V	W	X	Y	Z				

Finden Sie mithilfe der Tabelle die PINs für die Paare unten. Decken Sie PINs und Tabelle dann ab und versuchen Sie nach 5 Minuten, sich an die PINs zu erinnern.

Name	Initialien	Entsprechende PIN
A Arnold Schwarzenegger und Brad Pitt	_____	_____
B Tom Cruise und John Travolta	_____	_____
C Woody Allen und Barack Obama	_____	_____
D Elvis Presley und Mahatma Gandhi	_____	_____

Lösungen auf Seite 181
4/4 korrekt: 1 Punkt   Ihre Punktzahl _____

16 WORT-PINS

Bei einigen PINs ergeben sich Buchstabenkombinationen, die schon ein Wort sind oder sehr ähnlich klingen. Die PIN 5748 wird zu PRES, was als Kurzform für »Presse« stehen könnte. In dem Fall müssen Sie sich nur ein Wort merken. Verwandeln Sie mithilfe der Tabelle bei Übung 15 die folgenden PINs in Wörter, prägen Sie sie sich ein und decken Sie die Liste dann ab. Schreiben Sie acht amerikanische Schauspieler auf und prüfen Sie danach, ob Sie sich die Wörter und PINs gemerkt haben.

PIN	Wort	Erinnerte PIN
8203	_____	_____
3429	_____	_____
1011	_____	_____
0836	_____	_____
4668	_____	_____

5/5 korrekt: 3 Punkte 4/5 korrekt: 2 Punkte
3/5 korrekt: 1 Punkt   Ihre Punktzahl _____

17 PIN-BILDER

Mit manchen Zahlen können wir Bilder verbinden. Bei vier zum Beispiel denkt man schnell an die vier Seiten des Quadrats. Sie können sich PINs also mit Bildern merken, die Sie zu einem möglichst lustigen Gesamtbild vereinen. So könnte die PIN 3375 für zwei Dreiecke stehen (drei als Symbol für das Dreieck) und 75 für das Alter Ihres Großvaters bei Ihrer Geburt. Das Gesamtbild könnte so aussehen: Großvater fährt auf einem Fahrrad mit zwei dreieckigen Rädern. Denken Sie sich Visualisierungen für die unten stehenden PINs aus und testen Sie nach 30 Minuten, ob Sie sich an sie erinnern.

PIN	Visualisierung
7213	_____
	_____
9249	_____
	_____
1001	_____
	_____
1865	_____
	_____

4/4 korrekt: 1 Punkt   Ihre Punktzahl _____

93

18 ZAHLREIME

Sie können sich PINs auch mithilfe von Reimen merken. Scheiben Sie sich einprägsame Reimwörter für die Zahlen von 0–9 auf. Wenn Sie die Reimwörter auswendig können, bilden Sie einprägsame Visualisierungen, um sich die PINs zu merken. Ein Bild für die PIN 8513 könnte lauten: Auf der Yacht (8), mit gelben Strümpfen (5) am Bein (1) und einem Teller voll Brei (3). Erfinden Sie eigene Visualisierungen für die folgenden PINs, decken Sie sie ab und versuchen Sie nach 30 Minuten, die PINs mithilfe der Visualisierungen zu erinnern.

	Visualisierung	**Erinnerte PIN**
6036	_____	_____
1523	_____	_____
8470	_____	_____
9845	_____	_____

Für jede korrekt erinnerte PIN gibt es 1 Punkt. Ihre Punktzahl _____

19 NOCH MEHR REIME

Eine andere Möglichkeit, Zahlen in Bilder umzuwandeln, sind Kinderreime. Nutzt man etwa die Bilder aus »Backe, Backe Kuchen« und »Morgens früh um sechs, kommt die kleine Hex«, erhält man Bilder für die Zahlen von 0–9. Daraus lassen sich Visualisierungen erstellen. Rechts finden Sie die Bilder aus den Gedichten und eines für die Null.

Können Sie die folgenden Sätze mithilfe der Kinderreime wieder in die entsprechenden PINs verwandeln?

A Ein Eierbrot mit Schmalz und dazu Kaffee und Möhrensalat.

PIN _____

B Holz hinterm Hexenhaus und versalzene Milch.

PIN _____

C Schmalz am Scheunentor und Zucker im Salzstreuer.

PIN _____

Zahl	Reim
1	Eier
2	Schmalz
3	Zucker
4	Salz
5	Milch
6	Hexe
7	Rüben
8	Kaffee
9	Scheune
0	Holz

Lösungen auf Seite 181   3/3 korrekt: 1 Punkt   Ihre Punktzahl _____

20 SIND DIE PASSWÖRTER ABRUFBAR?

Ihr Kurzurlaub in der Sonne, den Sie online gebucht haben, wird zum Abenteuerurlaub. Sie wollen einiges ändern. Dafür müssen Sie sich in einem Internet-Café an alle Zugänge erinnern. Wie lauten die Passwörter, die Sie bei der Übung auf Seite 89 gebildet haben?

Sie möchten beim gleichen Veranstalter einen weiteren Ausflug buchen. Erinnern Sie sich an Ihr Passwort?

www.buchdochbeiuns.de

_____

Sie müssen für Ihren Rückflug online einchecken. Wie lautet das Passwort der Fluggesellschaft?

www.flugindiesonne.de

_____

Das Hotel kann Ihre Buchung nicht finden. Loggen Sie sich ein und finden Sie Ihre Buchungsbestätigung.

www.bettedeinhaupt.de

_____

Sie haben all Ihre Bücher ausgelesen und möchten weitere herunterladen. Wie lautete Ihr Passwort?

www.buchfuerstrand.de

_____

Sie müssen Ihre Reiseversicherung in Anspruch nehmen. Können Sie sich beim Versicherer anmelden?

www.unterwegsversichert.de

_____

Ihre Portemonnaie wurde gestohlen. Welches Passwort brauchen Sie, um Geld abheben zu können?

www.geldaufbank.de

_____

Sie haben eine Limousine gebucht, aber nur einen Kleinwagen bekommen. Finden Sie die Bestätigung dafür?

www.mietdireinauto.de

_____

Der Onlinehändler hat die falschen Kleider geschickt. Können Sie eine Retoure per Internet anmelden?

www.tolleklamotten.de

_____

Für jedes korrekt erinnerte Passwort gibt es 1 Punkt. Ihre Punktzahl _____

Ihre Punktzahl **/35**   **30–35 GOLD**   **20–29 SILBER**   **0–19 BRONZE**

Ihr Gedächtnis für Passwörter und PINs ist beeindruckend – mit den hier vorgestellten Methoden können Sie es perfektionieren.

Ihr Gedächtnis für Passwörter und PINs ist gut, könnte aber verbessert werden. Wiederholen Sie die Übungen in diesem Kapitel, um sich zu steigern.

PINs und Passwörter sind nicht Ihre Freunde. Wenn Sie dieses Kapitel noch einmal durcharbeiten, fällt Ihnen das Merken bestimmt leichter.

 Die Herausforderung finden Sie auf Seite 178.

KAPITEL 7

SCHNELL ERINNERT

DAS ABRUFEN VON FAKTEN

Schnell erinnert

Jeder einzelne Fakt, der sich nach einer Minute abrufen lässt, ist im Langzeitgedächtnis gespeichert. Ein Unterbereich des LZG ist das semantische Gedächtnis, in dem Fakten gespeichert werden und keine Lebensereignisse, Emotionen oder Erfahrungen. Es sind Daten, Regeln, Bedeutungen und Allgemeinwissen, die hier lagern.

FRAGEBOGEN

Sind Sie Faktenkünstler oder eher ein wenig vergesslich? Mit diesem Fragebogen werden Sie schnell feststellen, wie Ihr semantisches Gedächtnis Ihren Alltag beeinflusst.

1 Wenn Sie an einem Ratespiel zu wohltätigen Zwecken teilnehmen sollten, wären Sie eine Hilfe oder ein Hemmnis?

Hilfe/Hemmnis
[1 Punkt für »Hilfe«]

2 Würden Sie lieber einen Test schreiben oder ziehen Sie eine praktische Prüfung vor?

Test/praktische Prüfung
[1 Punkt für »Test«]

3 Wenn Sie mit Freunden ein Ratespiel spielen, gehören Sie meistens zu den Gewinnern oder zu den Verlierern?

Gewinner/Verlierer
[1 Punkt für »Gewinner«]

4 In einem Freizeitpark steht ein Automat, der Fragen zum Allgemeinwissen stellt. Er verspricht hohe Preise für einen geringen Einsatz. Spielen Sie?

Spielen/nicht spielen
[1 Punkt für spielen]

5 Wenn Sie eine Quiz-Show im Fernsehen sehen, kennen Sie die Antworten vor den Teilnehmern?

Oft/manchmal
[1 Punkt für »oft«]

6 Ein Kind fragt Sie, wie ein Regenbogen entsteht. Wie genau können Sie antworten?

Genau/verschwommen
[1 Punkt für »genau«]

Wie haben Sie abgeschnitten?

0–2: Ihre Wissensgrundlage ist angeschlagen – Sie sollten sowohl das Enkodieren als auch das Abfragen semantischer Erinnerungen trainieren.

3–4: Sie haben ein durchschnittlich gutes semantisches Gedächtnis. Mit den folgenden Übungen können Sie sich weiter verbessern.

5–6: Sie sind bereits Experte in Sachen Gedächtnis, aber jeder kann sich verbessern. Werden Sie mit den folgenden Übungen zum Gedächtniskünstler.

1 QUIZMASTER

Mit dem Abfragen von Allgemeinwissen lässt sich das semantische Gedächtnis ganz einfach testen. Wie schneiden Sie dabei ab?

1 Welche ist die zweitbevölkerungsreichste Nation der Erde?

2 Wer schrieb die Mondscheinsonate?

3 Können Sie alle Weltmeere aufzählen?

4 Vervollständigen Sie das dritte newtonsche Gesetz: »Auf jede Aktion …«

5 In welchem Land wurde der Kompass erfunden?

6 In welchem Jahr fand die Russische Revolution statt?

7 Wer war der zweite Mann auf dem Mond?

8 Welches ist der längste Knochen im menschlichen Körper?

9 Welche Nation gewann die erste Fußballweltmeisterschaft?

10 Welche Person hat die meisten Oscars gewonnen?

1 _____

2 _____

3 _____

4 _____

5 _____

6 _____

7 _____

8 _____

9 _____

10 _____

Für jede korrekte Antwort gibt es 1 Punkt.

Ihre Punktzahl _____

Lösungen auf Seite 181

2 WAS VERBINDET?

Es gibt mehr (und durchaus bessere) Möglichkeiten, das Gedächtnis auf die Probe zu stellen, als einen Test zum Allgemeinwissen. Eine Möglichkeit ist eine Frage wie diese: Können Sie herausfinden, was die Länder rechts gemeinsam haben?

Luxemburg

San Marino

Bolivien

Nepal

Paraguay

Antwort:_____

Lösung auf Seite 181

Für die korrekte Antwort gibt es 3 Punkte.
Ihre Punktzahl _____

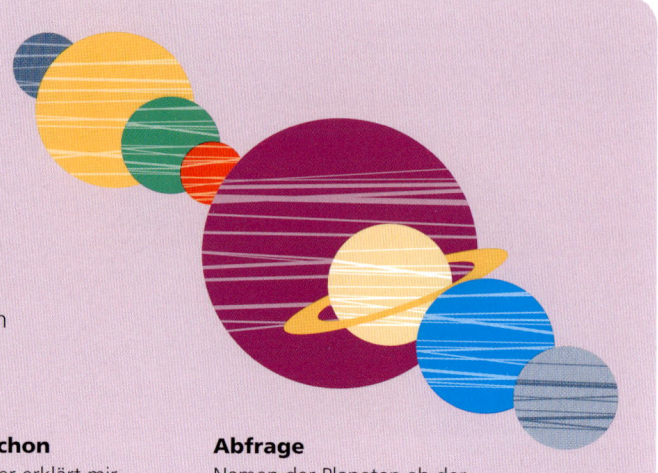

METHODE: MERKSÄTZE

Merksätze helfen dabei, dass wir uns etwas leichter einprägen. Muss man sich einige Fakten in einer bestimmten Reihenfolge merken, bildet man dazu am besten aus deren Anfangsbuchstaben einen einprägsamen Satz. So erhält man ein Akrostichon. Mit dem folgenden Merksatz kann man sich beispielsweise die Reihenfolge der Planeten unseres Sonnensystems merken. Wer diese Information abrufen möchte, erinnert sich an den Merksatz und darüber an die Planeten.

Fakt
Reihenfolge der Planeten ab der Sonne (Merkur, Venus, Erde, Mars, Jupiter, Saturn, Uranus, Neptun)

Akrostichon
Mein Vater erklärt mir jeden Sonnen-Umlauf neu.

Abfrage
Namen der Planeten ab der Sonne.

---

3 MEHR AKROSTICHEN

Testen Sie, wie schnell Sie mit weiteren Akrostichen lernen können. Denken Sie sich für die folgenden drei Fakten Merksätze aus und prägen Sie sich diese 30 Sekunden lang ein. Decken Sie sie ab und testen Sie nach 5 Minuten, wie gut Sie die Fakten erinnern.

Fakt	Akrostichon	Abfrage	Erinnerter Fakt
Merkmale für Lebewesen in der Biologie: Nahrung, Erregbarkeit, Bewegung, Wachstum, Respiration, Reproduktion, Exkretion.	_____ _____	Zählen Sie die Merkmale für Lebewesen in der Biologie auf.	_____ _____
Noten, die im Violinschlüssel auf den Linien liegen: EGHDF.	_____ _____	Zählen Sie die Noten auf, die im Violinschlüssel auf den Linien liegen.	_____ _____
Wie schreibt man »Rhythmus«?	_____ _____	Buchstabieren Sie das Wort, das eine zeitliche Gliederung in der Musik beschreibt.	_____ _____

3/3 korrekt: 1 Punkt Ihre Punktzahl _____

Mit Eselsbrücken oder Merksätzen kann man sich kompakte Informationen merken. Für größere Informationsmengen benötigen wir andere Lösungen. Ein erster Schritt zur Verbesserung des semantischen Gedächtnisses ist eine verbesserte Enkodierung – in einem Zusammenhang gelernt, sind Fakten viel einprägsamer als einzeln. Das bedeutet, dass etwas durch zusätzliche Informationen leichter erinnerbar wird.

Rechts sehen Sie eine Einzelinformation und eine weitere Information, die einen Hintergrund liefert. Lesen Sie beides durch und warten Sie 20 Minuten. Versuchen Sie dann, sich an die abgedeckten Informationen zu erinnern. Mit dem Fakt mit Hintergrund sollte dies leichter fallen.

Einzelinformation
Das chemische Zeichen für Silber ist Ag.

Information zum Hintergrund
Das chemische Zeichen für Natrium ist Na. Die deutsche Bezeichnung Natrium geht auf das ägyptische »netjerj« zurück, was Salz bedeutet, da die wichtigste Natriumverbindung – Natriumchlorid – Kochsalz ist. Die Ägypter nutzen Natriumsalze zur Mumifizierung.

4 PRAXIS HINTERGRUND-CHECK

Lesen Sie die Fakten und konzentrieren Sie sich auf die Hintergrundinformationen, um sie zu erinnern. Decken Sie den Text ab und beantworten Sie nach 5 Minuten die Fragen unten.

Newton ist die physikalische Einheit für Kraft
Die Einheit Newton ist nach Isaac Newton benannt. Das dritte newtonsche Gesetz der Bewegung besagt, dass es für jede Kraft, die in eine Richtung wirkt, eine entsprechende entgegengesetzte Kraft gibt.

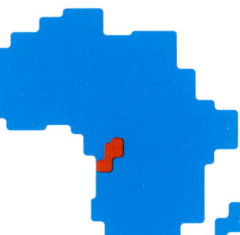

Die Hauptstadt der Republik Kongo ist Brazzaville
Sie wurde nach dem französischen Afrikareisenden Pierre Savorgnan de Brazza benannt. Er erschloss eine Handelsroute entlang des Flusses Kongo, um Frankreichs koloniale Ansprüche auf Französisch-Kongo zu unterstreichen.

Antonín Dvořák war ein böhmischer Komponist
Dvořák wurde in Böhmen geboren, das damals zum Kaisertum Österreich gehörte. Er besuchte zwei Jahre lang die Prager Orgelschule.

Quizfragen

1 Wie heißt die Hauptstadt der Republik Kongo? _____

2 Wie heißt die Einheit für Kraft? _____

3 Welche Nationalität hatte Antonín Dvořák? _____

Für jede korrekte Antwort gibt es 1 Punkt. Ihre Punktzahl _____

METHODE: SCHLAGWÖRTER

Ein Schlüssel, um sich Fakten besser einzuprägen, ist die geschicktere Wiederholung. Statt sich ganze Textpassagen einzuprägen, ist es einfacher, sich an Schlagwörter und Kopfzeilen zu erinnern. Diese werden als Stichpunkte ins Gedächtnis übertragen. Rechts finden Sie als Beispiel einen kurzen Ausschnitt aus einem Lexikoneintrag über Fledertiere.

Sie könnten sich daraus folgende Stichpunkte merken:
• **Fledertiere sind die einzigen noch lebenden Säugetiere mit der Fähigkeit zum Schlagflug.**
• **Der wissenschaftliche Name der Flughaut ist Patagium.**

Fledertiere sind die einzigen noch lebenden Säugetiere, die nicht nur zum Gleitflug, sondern zum aktiven Schlagflug fähig sind. Durch die aus zwei Hautschichten bestehende Flughaut (Patagium), die sich zwischen Hand- und Fußgelenken erstreckt, sind die Tiere sehr manövrierfähig.

---

5 SCHLAGWORT-PRAXIS

Hier ist der Rest des Lexikonartikels über Fledertiere. Markieren Sie fünf Schlagwörter (wichtige Fakten) und versuchen Sie, diese nach 30 Minuten zu erinnern.

1 _____
   _____

2 _____
   _____

3 _____
   _____

4 _____
   _____

5 _____
   _____

Wie viele Fakten konnten Sie sich merken? 5/5: 2 Punkte
3–4/5: 1 Punkt

Ihre Punktzahl _____

Die Spannweite der Fledertiere reicht von gerade einmal 15 Zentimetern (Schweinsnasenfledermaus) bis zu beeindruckenden 1,7 Metern (Kalong-Flughund). Die meisten Fledertiere orientieren sich durch Echoortung. Die Ordnung der Fledertiere (Chiroptera) ist riesig und umfasst fast ein Viertel aller Säugetierarten. In Sachen Artenreichtum wird sie nur von den Nagetieren übertroffen. Fledertiere sind weltweit in tropischen wie gemäßigten Zonen verbreitet. Nur in kalten Habitaten wie den Polarregionen, die ihnen keine regelmäßige Nahrungsquellen bieten, sind sie nicht zu finden. Die Echoortung macht Fledertiere zu hervorragenden Flugjägern. Im Kehlkopf produzieren sie Laute (Klicks) im Ultraschallbereich, die sie durch Mund oder Nase ausstoßen und die bei manchen Arten durch Nasenblätter verstärkt werden. Den reflektierten Schall fangen sie mit ihren empfindlichen Ohren auf. Zeit und Art der Reflektion ergeben ein Schallbild der Umgebung.

Ein beliebtes visuelles Hilfsmittel, um sich Dinge einzuprägen und diese wieder abzurufen, sind Mindmaps, auch Mindwebs genannt. Es handelt sich um eine Art Baumdiagramm, in dessen Zentrum ein Thema oder Wort steht, von dem rundum verwandte bzw. untergeordnete Themen und Wörter wie auf sich immer weiter verzweigenden Ästen angeordnet sind. Je besser die visuelle Qualität der Mindmap – ihr grafischer Aufbau – ist, desto leichter lassen sich die semantischen Informationen einprägen.

METHODE: MINDMAPS

Visualisierungen helfen uns beim Einprägen und Sortieren von Fakten. Wer 1,80 m groß ist, kann sich bildlich ganz einfach merken, dass die längste, je gefundene Boa constrictor dreimal so groß war, wie er selbst, nämlich 5,40 m. Denken Sie sich für Fakten, die Sie sich merken müssen, einprägsame Bilder aus und testen Sie, ob Ihnen dies hilft.

METHODE: ASSOZIIEREN

TIPP

Es wird angenommen, dass die fünfmalige Wiederholung eine Erinnerung für immer im Langzeitgedächtnis verankert. Auch wenn dem nicht so sein sollte, hilft regelmäßiges Wiederholen dabei, Wissen zu verfestigen. Die Intervalle zwischen den Wiederholungen sollten länger werden – etwa erst eine Stunde, dann ein Tag und später eine Woche.

6 WISSEN UND FANTASIE

Finden Sie visuelle Assoziationen zu den wissenschaftlichen Fakten. Testen Sie nach 10 Minuten, ob Sie die Fragen unten beantworten können.

Stickstoff ist das häufigste Gas in der Erdatmosphäre.

Die Dinosaurier starben vor rund **65 Mio. Jahren aus**.

Der unserer Sonne am nächsten gelegene Stern ist **Proxima Centauri**.

Fast 50 % der menschlichen DNS sind mit der einer **Banane** identisch.

Flüsse und Seen machen lediglich etwa **0,007 %** des Wassers der Erde aus.

_____ ist das häufigste Gas in der Erdatmosphäre.

Die Dinosaurier starben vor rund _____ aus.

Der unserer Sonne am nächsten gelegene Stern ist _____ .

Wie viel Prozent DNS haben Mensch und Banane gemeinsam? _____

Flüsse und Seen machen lediglich etwa _____ Prozent des Wassers der Erde aus.

Für jede korrekte Antwort gibt es 1 Punkt.

Ihre Punktzahl _____

Viele Mnemotechniken arbeiten mit Bildern in einer einprägsamen Sequenz, die als Basis für Visualisierungen dient (siehe Seite 50, 62 und 76). Prägt man sich die Körperteile, wie unten gezeigt, nach Nummern ein, kann man sich bis zu 15 Dinge in einer festen Reihenfolge merken. Sind es mehr, nehmen Sie eine weitere Unterteilung hinzu. Wenn Sie sich zum Beispiel die Instrumente eines Orchesters einprägen möchten und mit den Geigen beginnen, könnten Sie sich als erstes Bild einen Kopf mit einem Schnauzbart in Form der F-Löcher (Schalllöcher) der Geige vorstellen. Prägen Sie sich die unten aufgeführten Körperteile in der gegebenen Reihenfolge ein, decken Sie sie ab und schreiben sie der Reihe nach auf.

METHODE: KÖRPERTEIL-SYSTEM

1 Kopf
2 Augen
3 Nase
4 Ohren
5 Mund
6 Kinn
7 Schulter
8 Brust

9 Arm
10 Ellenbogen
11 Hand
12 Finger-
   spitzen
13 Bauch
14 Knie
15 Fuß

7 GESCHICHTSWISSEN

Prägen Sie sich die Liste der großen Schlachten des Zweiten Weltkriegs mithilfe des Körperteil-Systems ein. Verbinden Sie die Körperteile der Reihe nach durch Hilfsbilder mit den einzelnen Schlachten. Decken Sie die Liste ab, zählen Sie fünf Baumarten auf und schreiben Sie dann die Schlachten auf.

1 Schlacht von Dünkirchen

2 Schlacht am Río de la Plata

3 Luftschlacht um England

4 Angriff auf Pearl Harbour

5 Schlacht um Moskau

6 Schlacht von Stalingrad

7 Schlacht um Singapur

8 Landung in der Normandie

9 Schlacht um Arnheim

10 Ardennenoffensive

11 Schlacht um Berlin

12 Schlacht im Korallenmeer

13 Schlacht um Midway

14 Schlacht um Guadalcanal

15 Schlacht in der Philippinensee

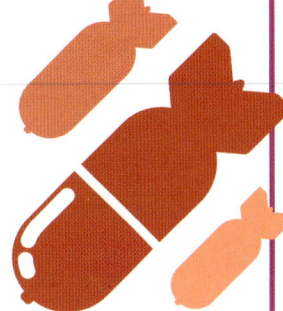

1 _____

2 _____

3 _____

4 _____

5 _____

6 _____

7 _____

8 _____

9 _____

10 _____

11 _____

12 _____

13 _____

14 _____

15 _____

Für jede korrekt erinnerte Schlacht gibt es 1 Punkt.

Ihre Punktzahl _____

8 GESCHICHTEN-SYSTEM

Eine weitere Methode, sich Fakten anhand von Bildern einzuprägen, ist ihre Verknüpfung mit den Stationen einer vertrauten Geschichte. Wenn Sie sich beispielsweise einige Fakten aus der Geschichte Australiens einprägen möchten, könnten Sie die Geschichte von Hase und Igel als Gedächtnisstütze wählen. Prägen Sie sich die unten aufgeführten Fakten durch Verknüpfung mit der genannten Geschichte ein. Decken Sie die Liste ab und schreiben Sie die Fakten 10 Minuten später auf.

1 _____

2 _____

Australische Geschichte	**Hase und Igel**
Erste Siedler aus Indonesien.	Hase verspottet langsamen Igel.
Entstehung der Kultur der Aborigines.	Igel fordert Hasen heraus.
Einführung der Dingos.	Hase geht in Führung.
Die ersten Europäer sichten Australien.	Frau Igel geht in Stellung.
Kapitän Cook besucht Australien.	Hase erreicht Frau Igel und staunt.
Errichtung der Strafkolonie Sydney.	Hase fordert noch ein Rennen.
Erste Umseglung Australiens.	Igel gewinnt alle Rennen.

3 _____

4 _____

5 _____

6 _____

7 _____

Für jeden korrekt erinnerten Fakt gibt es 1 Punkt und mit 2 Extrapunkten wird die korrekte Reihenfolge bewertet. Ihre Punktzahl _____

9 OPERNWISSEN

Die Loci-Methode (siehe Seite 62) arbeitet ebenfalls mit Hilfsbildern und ist der oben beschriebenen Methode sehr ähnlich. Statt Szenen einer Geschichte verwendet sie die Stationen eines bekannten Weges zur Visualisierung. Nutzen Sie die Loci-Methode und prägen Sie sich die folgenden Kompositionen Mozarts anhand eines vertrauten Weges, zum Beispiel dem zu Ihrer Arbeit, ein. Decken Sie die Liste dann ab und notieren Sie fünf Flüsse. Anschließend zählen Sie die Kompositionen Mozarts auf.

Don Giovanni
Così fan tutte
Der Schauspieldirektor
Die Zauberflöte
Il re pastore
Die Hochzeit des Figaro
Thamos, König in Ägypten

1 _____

2 _____

3 _____

4 _____

5 _____

6 _____

7 _____

Für jede korrekt erinnerte Komposition gibt es 1 Punkt. Ihre Punktzahl _____

10 DIE DICHTERECKE

Nutzen Sie eine der in diesem Kapitel beschriebenen Methoden, um sich die folgende Liste deutscher Dichter einzuprägen. Decken Sie die Liste ab und testen Sie nach 10 Minuten, ob Sie sich alle Namen gemerkt haben.

Johann Wolfgang von Goethe
Friedrich Schiller
Theodor Fontane
Heinrich Heine
Joachim Ringelnatz
Erich Kästner
Robert Gernhardt

1 _____ 6 _____

2 _____ 7 _____

3 _____

4 _____ **Für jeden korrekt erinnerten Dichter gibt es 1 Punkt.**

5 _____ **Ihre Punktzahl _____**

11 IMMER IN GRUPPE

Verwenden Sie nun eine andere Methode aus diesem Kapitel, um sich die Bezeichnungen folgender Tierverbände zu merken. Decken Sie die Liste anschließend ab und zählen Sie fünf Ihrer Lieblingsbücher auf. Testen Sie dann, an wie viele Gruppen Sie sich erinnern.

Ein Schoof Gänse   **Ein Flug Tauben**
Ein Geheck Füchse   **Eine Schule Delphine**
   Ein Sprung Rehe
   Eine Rotte Wildschweine
   Eine Kolonie Ameisen

1 _____ 6 _____

2 _____ 7 _____

3 _____

4 _____ **Für jeden korrekt erinnerten Tierverband gibt es 1 Punkt.**

5 _____ **Ihre Punktzahl _____**

Ihre Punktzahl   **/75**   **60–75 GOLD**

Sie saugen Fakten auf wie ein Schwamm und können sich neue Fakten hervorragend merken. Mit den Tipps und Methoden in diesem Kapitel können Sie sich noch steigern.

 30–59 SILBER

Einige Themen finden Sie einprägsamer als andere und wahrscheinlich kommen Ihnen einige Methoden eher entgegen. Nutzen Sie diese, um Ihr Faktengedächtnis weiter auszubauen.

 0–29 BRONZE

Es fällt Ihnen schwer, sich Fakten zu merken. Die Methoden und Tipps in diesem Kapitel können Ihnen helfen, Fakten besser abzuspeichern und abzurufen. Gehen Sie die Übungen noch einmal durch.

 Die Herausforderung finden Sie auf Seite 179.

Zahlenmeister

Dieses Kapitel befasst sich mit den einfachsten Formen der numerischen Intelligenz, von den Grundrechenarten über logische Beziehungen bis zur »Alltagsmathematik«. Benutzen Sie den Taschenrechner nur, wo verlangt, ansonsten rechnen Sie im Kopf.

FRAGEBOGEN

Sind Sie eine lebende Rechenmaschine oder beim Rechnen eine Katastrophe? Mit diesem Fragebogen finden Sie schnell die Antwort.

1 Wenn Sie ein paar Dinge im kleinen Supermarkt nebenan kaufen, haben Sie das Wechselgeld bereit oder warten Sie, was die Kassiererin Ihnen sagt?

Bereit/warten
[1 Punkt für »bereit«]

2 Sie waren mit drei Freunden im Restaurant und haben gezahlt. Rechnen Sie aus, was die anderen Ihnen schulden oder reichen Sie die Rechnung herum?

Ausrechnen/herumgeben
[1 Punkt für »ausrechnen«]

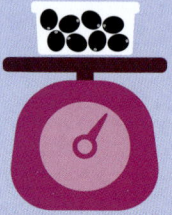

3 Der Preis der Oliven ist pro 100 Gramm angegeben. Der Verkäufer sagt Ihnen, wie schwer eine Schale ist. Können Sie selbst ausrechnen, wie viel eine Schale kostet?

Ja/nein [1 Punkt für »ja«]

4 Ein Lieferschein aus England führt die alten imperialen Einheiten auf. Können Sie mithilfe des Umrechnungsschlüssels Stone und Pound im Kopf in Kilogramm umrechnen?

Ganz leicht/schwerlich
[1 Punkt für »ganz leicht«]

5 Wenn Sie fünf oder mehr einstellige Zahlen zusammenrechnen müssen, tun Sie dies im Kopf oder auf Papier?

Im Kopf/auf Papier
[1 Punkt für »im Kopf«]

6 Es sind noch drei Donuts in der Tüte, Sie sind aber zu viert. Können Sie einen Weg finden, die drei Donuts gerecht auf vier Leute aufzuteilen?

Ja/nein [1 Punkt für »ja«]

Wie haben Sie abgeschnitten?

0–2: Sie sind im Umgang mit Zahlen und den Grundrechenarten eher ungeschickt. Das macht Sie angreifbar, denn man kann Sie leicht übervorteilen. Die Übungen in diesem Kapitel ermöglichen es Ihnen, Ihr Können aufzupolieren und das Kopfrechnen zu trainieren.

3–4: Sie sind im Umgang mit Zahlen durchschnittlich begabt, können sich aber durchaus noch verbessern. Gönnen Sie Ihrem Gehirn ein Mathe-Workout.

5–6: Sie sind ein Rechentalent. Aber sind Sie im Kopfrechnen wirklich immer schnell? Testen Sie, wie zügig Sie sich durch die folgenden Übungen rechnen können.

1 KOPFRECHNEN

Können Sie die folgenden Aufgaben im Kopf ausrechnen?

A 337 + 884 = _____

B 7206 + 5997 = _____

C 543 – 297 = _____

D 11063 – 7789 = _____

E 63 × 11 = _____

F 76 × 87 = _____

G 121 ÷ 11 = _____

H 91 ÷ 7 = _____

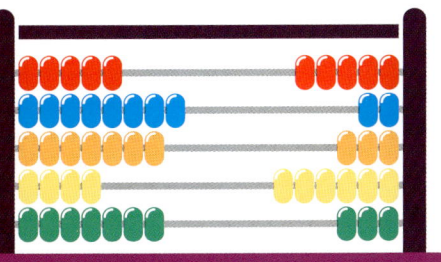

Lösungen auf Seite 181
Für jede korrekte Lösung gibt es 1 Punkt.
Ihre Punktzahl _____

2 WECHSELGELD

Sie sind Kassierer in einem Laden und die Kasse ist kaputt. Können Sie das Wechselgeld im Kopf berechnen?

Wechselgeld

A Der Kunde kauft ein Päckchen Batterien für 5,85 Euro und gibt Ihnen 10 Euro. _____

B Der Kunde kauft Äpfel (85 Cent), Lippenbalsam (2,11 Euro) und eine Postkarte (99 Cent) und gibt Ihnen 5 Euro. _____

C Der Kunde kauft Schokolade (85 Cent), eine Flasche Wasser (1,90 Euro), ein Magazin (5,99 Euro) und eine Zeitung (2,31 Euro) und und gibt Ihnen 20 Euro. _____

D Der Kunde kauf eine Packung Kaugummi (99 Cent), eine Zeitung (2,31 Euro), Kekse (3,99 Euro), eine Flasche Wein (10,86 Euro) und ein Feuerzeug (1,13 Euro) und gibt Ihnen 20 Euro und 30 Cent. _____

Lösungen auf Seite 181
Für jede korrekte Lösung gibt es 1 Punkt.
Ihre Punktzahl _____

3 BÜCHERPROBLEM

In einem Buchladen finden Sie drei Taschenbücher, die Ihnen gefallen. Sie haben 17,50 Euro dabei. Welche Bücher können Sie sich leisten und wie viel Wechselgeld bekommen Sie?

Geheimnisse der Tanten

€7,99

€9,99

Kaffee und Käse

Das Jahr des Yaks

€8,99

Lösung: _____

Lösung auf Seite 181   Für die korrekte Lösung gibt es 1 Punkt.   Ihre Punktzahl _____

4 SÜSS ODER SAUER

Am Kiosk stehen fünf Gläser mit Süßigkeiten. Auf den Etiketten steht, wie viel ein Stück jeweils kostet. Sie haben 95 Cent. Wie viele Süßigkeiten können Sie für Ihr Geld maximal kaufen?

Minz-bonbons	**Brause-Ufos**	**Zitronen-bonbons**	**Erdbeer-bonbons**	**Lakritz-schnecken**
3 Cent/Stück	6 Cent/Stück	5 Cent/Stück	5 Cent/Stück	4 Cent/Stück
Fünf im Glas	*Unbegrenzt*	*Fünf im Glas*	*Sechs im Glas*	*Vier im Glas*

Lösung: _____   Lösung auf Seite 181   Für die korrekte Lösung gibt es 1 Punkt. Ihre Punktzahl _____

5 SIND SIE KOORDINIERT?

Mit einem Koordinatenkreuz kann man die Lage von Punkten und Linien innerhalb eines zweidimensionalen Raums bestimmen. Die x-Achse ist die Horizontale und die y-Achse die Vertikale. Geben Sie die Lage der eingezeichneten Punkte (mit der x-Achse beginnend) an.

A _____

B _____

C _____

D _____

E _____

Lösungen auf Seite 181
5/5 korrekt: 1 Punkt Ihre Punktzahl _____

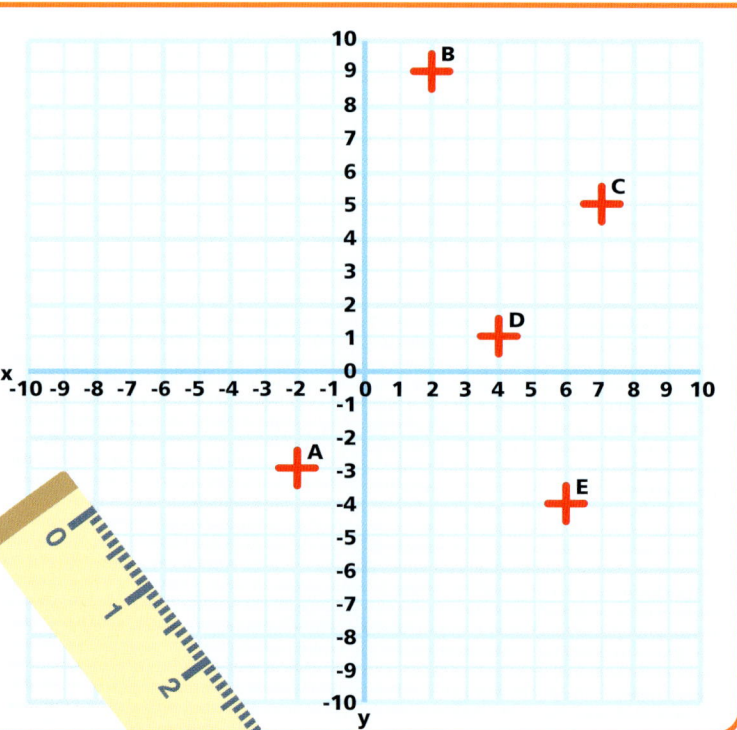

6 GOLDENER SCHATZ

Der König hat zwei Truhen in seiner Schatzkammer: eine Holztruhe und eine schwere Stahltruhe. Er legt einen Beutel mit 100 Goldmünzen aus der Holztruhe in die Stahltruhe. Nun hat er dreimal so viele Goldmünzen in der Stahltruhe wie in der Holztruhe. Insgesamt hat er 2000 Goldmünzen. Wie viele Münzen waren in den Truhen, bevor er den Beutel umgesetzt hat?

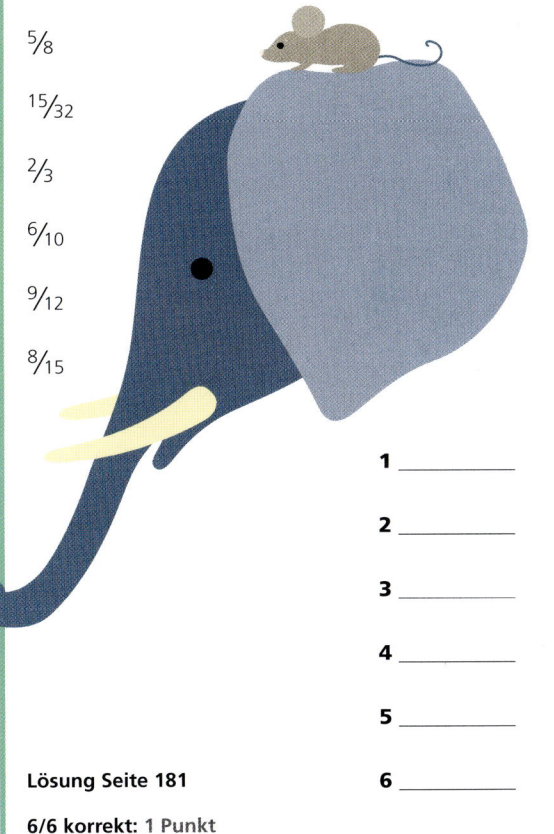

Lösung: _____ Lösung auf Seite 181   **Für die korrekte Lösung gibt es 1 Punkt. Ihre Punktzahl** _____

7 WAS IST GRÖSSER? I

Sortieren Sie diese Brüche nach Größe, beginnen Sie mit dem größten:

$\frac{3}{4}$ **1** _____

$\frac{2}{3}$ **2** _____

$\frac{7}{8}$ **3** _____

$\frac{9}{16}$ **4** _____

$\frac{2}{5}$ **5** _____

$\frac{5}{15}$ **6** _____

Lösung Seite 181
6/6 korrekt: 1 Punkt   Ihre Punktzahl _____

8 WAS IST GRÖSSER? II

Sortieren Sie diese Brüche nach Größe, beginnen Sie mit dem größten:

$\frac{5}{8}$

$\frac{15}{32}$

$\frac{2}{3}$

$\frac{6}{10}$

$\frac{9}{12}$

$\frac{8}{15}$

1 _____

2 _____

3 _____

4 _____

5 _____

Lösung Seite 181   **6** _____

6/6 korrekt: 1 Punkt
Ihre Punktzahl _____

9 DEZIMALZAHLEN & BRÜCHE I

Sortieren Sie diese Brüche und Dezimalzahlen der Größe nach von groß nach klein:

0,6   0,3

²/₃   0,8

¹/₄   ²/₆

1 _____   4 _____

2 _____   5 _____

3 _____   6 _____

Lösung auf Seite 181

6/6 korrekt: 1 Punkt   Ihre Punktzahl _____

10 DEZIMALZAHLEN & BRÜCHE II

Sortieren Sie diese Brüche und Dezimalzahlen der Größe nach von groß nach klein:

0,275

²/₅

⁷/₃₂

¹¹/₂₁

0,5

0,333

1 _____

2 _____

3 _____

4 _____

5 _____

6 _____

Lösung auf Seite 181

6/6 korrekt: 1 Punkt
Ihre Punktzahl _____

11 SOCKENPUZZLE

Dirk hat Socken mit Schottenmuster und gepunktete Socken. Auf sechs Paare mit Schottenmuster kommen neun Paare mit Punkten. Er besitzt 50 Paar Socken. Wie viele davon haben das Schottenmuster?

Lösung: _____

Lösung auf Seite 182   **Die korrekte Lösung gibt 1 Punkt.   Ihre Punktzahl _____**

12 TORTENSTÜCKE

Ein Tortendiagramm ist die grafische Darstellung von Teilwerten. Können Sie die Prozentwerte der abgebildeten Tortenstücke ermitteln?

A
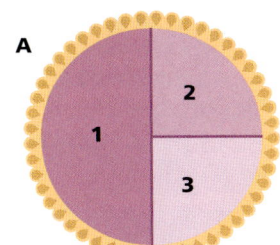

1 _____

2 _____

3 _____

B
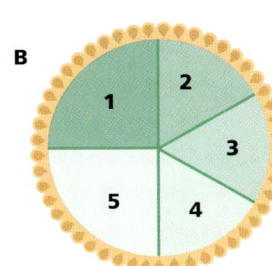

1 _____

2 _____

3 _____

4 _____

5 _____

C
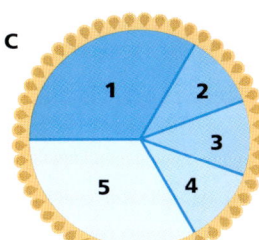

1 _____

2 _____

3 _____

4 _____

5 _____

D
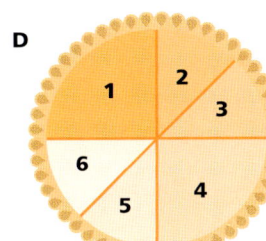

1 _____

2 _____

3 _____

4 _____

5 _____

6 _____

Lösungen auf Seite 182
Für jedes korrekt beschriftete Diagramm gibt es 1 Punkt. Ihre Punktzahl _____

13 WELT DER STARS

Beim Blick von der Bühne in den Saal fragen Sie sich, wie groß der Anteil von Studenten mit ermäßigtem Eintritt im Publikum ist. Das Theater hat 160 Plätze, ist aber nur zu drei Vierteln gefüllt. Es sind 90 Studenten im Publikum. Wie hoch ist ihr Anteil am Gesamtpublikum?

Lösung: _____

Lösung auf Seite 182
Die korrekte Lösung gibt 1 Punkt. Ihre Punktzahl _____

14 KLEINER BRUDER

Eine Frau erzählt Ihnen, dass ihre Söhne im Durchschnitt acht Jahre alt sind. Sie sind alle unter zehn. Wie alt kann der jüngste der Söhne sein?

Lösung: _____

Lösung auf Seite 182
Die korrekte Lösung gibt 1 Punkt. Ihre Punktzahl _____

15 KÄSE, BITTE!

Im Käsegeschäft ist der Käse mit Kilogrammpreisen ausgezeichnet. Rechen Sie aus, wie viel diese Bestellungen kosten:

A 200 g Roquefort
750 g Gruyère   _____

B 750 g Edamer
500 g Roquefort
250 g Brie   _____

C 250 g Camembert
400 g Roquefort
750 g Gruyère
150 g Edamer   _____

Edamer
€ 5,90/kg

Brie
€ 7,70/kg

Roquefort
€ 15,50/kg

Camembert
€ 8,40/kg

Gruyère
€ 12/kg

Lösungen auf Seite 182
Für jede korrekte Lösung gibt es 1 Punkt. Ihre Punktzahl _____

16 HANNES KATZE

Hannes ist vier Jahre älter als seine Katze, aber vor acht Jahren war er doppelt so alt wie sie. Wie alt ist Hannes?

Lösung: _____
Lösung auf Seite 182
**Für die korrekte Lösung gibt es 1 Punkt.
Ihre Punktzahl _____**

17 HARTE GELDNUSS

In einer Währung gibt es Banknoten mit den Werten 5, 10 und 20. Können Sie anhand des Gesamtwerts in den Geldbörsen errechnen, welcher der kleinste Geldschein ist, der jeweils enthalten sein kann?

	Anzahl der Geldscheine	Gesamt-wert	Kleinster Geldschein
A	3	40	_____
B	4	40	_____
C	4	50	_____
D	5	60	_____

**Lösungen auf Seite 182   Für jede korrekte Lösung gibt
es 1 Punkt. Ihre Punktzahl _____**

18 WIE SPÄT IST ES? I

Zur Darstellung von Zahlen verwenden wir Ziffern. Sie werden nach den Regeln eines Zahlensystems zu Ziffernfolgen gruppiert. Unser Dezimalsystem hat als Basis die 10. Wir zählen in einzelnen Einheiten von 0–9, dann folgt die 10, die »eine 10« und »0 Einer« bedeutet. (210 bedeutet demnach »zwei 100er, eine 10 und keine 1er«.) Bei der Uhrzeit verwenden wir ein 24er-System und Minuten und Sekunden basieren auf einem 60er-System. Hier eine Übung:

A In 17 Stunden ist es 2 Uhr. Wie spät ist es jetzt?

Lösung _____

B In 16 Stunden werden Sie für Ihren Termin von 9 Uhr acht Stunden zu spät sein. Wie spät ist es jetzt?

Lösung _____

C Stockholm ist sieben Stunden hinter Singapur. Wenn es in Singapur 11 Uhr ist, wie viel Uhr ist es 16 Stunden später in Stockholm?

Lösung _____

D Melbourne ist New York 16 Stunden voraus und fünf Stunden hinter London. Erik verlässt Melbourne um 16 Uhr Ortszeit und fliegt nach London. Nach seiner Uhr, die nach New Yorker Zeit geht, landet er um 13 Uhr. Wie lang dauerte sein Flug und wann landete er nach Londoner Zeit?

Lösung _____

Lösungen auf Seite 182
Für jede korrekte Lösung gibt es 1 Punkt. Ihre Punktzahl _____

19 WIE SPÄT IST ES? II

Minuten werden nach einem 60er-System gezählt. Lösen Sie folgende Aufgaben:

A Sie laufen 10 Kilometer in 1 Stunde 12 Minuten. Ihr Laufpartner ist 24 Minuten kürzer unterwegs. Sie sind beide um 10.11 Uhr gestartet. Wann überquerte Ihr Laufpartner die Ziellinie?

Lösung _____

B Sie kommen zu spät zu einem Termin. Ihr Bus wird mit 6 Minuten Verspätung ankommen und Sie liegen bereits 17 Minuten hinter Ihrem Zeitplan. Danach benötigen Sie noch 18 Minuten bis zum Ziel. Es ist gerade 9.36 Uhr. Wann ist Ihr Termin?

Lösung _____

C Es ist 16.48 Uhr. Sie schieben einen Braten für 90 Minuten in den Ofen. Aber Sie müssen ihn in gleichmäßigen Abständen zweimal übergießen. Wann müssen Sie die dies tun?

Lösung _____

D Der Film *Stunden und Minuten* beginnt um 19.13 Uhr im Dorfkino. Um 19.37 läuft derselbe Film im Stadtkino. Sie benötigen zu Fuß 7 Minuten bis zum Bahnhof und die Bahn braucht 12 Minuten in die Stadt. Ins Dorf benötigen Sie 21 Minuten. Es ist 18.41 Uhr. Welches Kino können Sie schneller erreichen?

Lösung _____

Lösungen auf Seite 182
Für jede korrekte Lösung gibt es 1 Punkt. Ihre Punktzahl _____

20 ZAHL GESUCHT

Können Sie herausfinden, welche Zahl fehlt?

3	8	11
5	4	9
6	7	13
2	?	11

GESUCHT

Lösung _____

Lösung auf Seite 182
Für die korrekte Lösung gibt es 1 Punkt.
Ihre Punktzahl _____

21 WÄHRUNGSUMRECHNER

Sie besuchen innerhalb einer Woche vier Länder und benötigen für jedes eine andere Währung. Können Sie anhand der Kurse unten alle Umrechnungen ohne Taschenrechner machen?

$ 1 = £ 0,5
£ 1 = € 1,25
€ 1,25 = ¥ 100
¥ 1 = $ 0,02

A Wie viel sind £ 400 in $? _____

B Wie viel sind € 250 in £? _____

C Wie viel sind ¥ 1250 in £? _____

D Wie viel sind $ 400 in €? _____

E Wie viel sind £ 250 in ¥? _____

Lösungen auf Seite 182

Für jede korrekte Lösung gibt es 2 Punkte.
Ihre Punktzahl _____

22 GEWICHTE UND LÄNGEN

Im metrischen System ist das Kopfrechnen relativ einfach, beim imperialen System wird es schon komplizierter. Können Sie die folgenden Einheiten mit dem Taschenrechner umrechnen?

Prägen Sie sich ein:

1 kg = 2,2 Brit. Pfund   **1 Zoll = 2,54 Zentimeter**
1 Meter = 1,0936 Yards   **1 Unze = 28,35 Gramm**
1 Fuß = 30,5 Zentimeter   **1 Stone = 14 Brit. Pfund**

A Wie viele Kilogramm hat ein Stone? _____

B Wie viele Zoll hat ein Meter? _____

C Wie viele Fuß hat ein Meter? _____

D Wie viele Meter hat ein Yard? _____

E Wie viele Fuß hat ein Yard? _____

F Wie viele Unzen hat ein Kilogramm? _____

G Wie viele Unzen hat ein Brit. Pfund? _____

H Wie viele Unzen hat ein Stone? _____

Lösungen auf Seite 182   Für jede korrekte Lösung gibt es 1 Punkt.   Ihre Punktzahl _____

TIPP ↑

Eine gute Methode, sich im Kopfrechnen zu verbessern, ist es, bei jeder sich bietenden Gelegenheit zu trainieren, statt immer den Taschenrechner zu benutzen. Stellen Sie sich selber Herausforderungen, indem Sie sich schwierige Rechenaufgaben ausdenken (Beispiel: 756 ÷ 42) und versuchen, sie im Kopf zu lösen.

23 FAHRRAD-SCHNÄPPCHEN

Sie suchen nach einem neuen Fahrrad. Ein Modell ist in zwei Läden im Angebot, aber zu unterschiedlichen Preisen. Sie versuchen, den Preis in beiden Läden auf 200 Euro runterzuhandeln. Der erste Anbieter will Ihnen um die Hälfte zwischen seinem Preis und Ihrem Angebot entgegenkommen. Der zweite bietet an, Ihnen nochmals um 20 % entgegenzukommen sowie weitere 10 Euro abzuziehen. Wenn beide Angebote zusammen 750 Euro ergeben und die endgültigen Angebote 570 Euro, wer bietet den besten Preis?

Lösung _____

Lösung auf Seite 182   Für die korrekte Antwort gibt es 1 Punkt. Ihre Punktzahl _____

24 DJ-WETTSTREIT

Werner und Michael sollen auf Ihrer Party für Musik sorgen, ihnen steht aber nur ein Album mit 15 Stücken zur Verfügung. Werner möchte ab dem vierten Stück jedes zweite spielen. Michael möchte kurz vor Ende des Albums beginnen und von da ab rückwärts jedes vierte Stück. Beide Abspiellisten sind vier Stücke lang. Zählt man die Nummern der Stücke zusammen und Michaels Ergebnis ist sechs Punkte niedriger als Werners, welches Lied ist dann in beiden Listen enthalten?

Lösung _____

Lösung auf Seite 182   Für die korrekte Lösung gibt es 1 Punkt. Ihre Punktzahl _____

Ihre Punktzahl **/70**

 60–70 GOLD

Sie sind im Kopfrechnen ausgezeichnet. Im nächsten Kapitel können Sie testen, ob Sie auch mit schwierigeren Aufgaben und Logikrätseln gut zurechtkommen.

 30–59 SILBER

Sie können recht gut Kopfrechnen, haben aber vielleicht doch mit den schwierigeren Aufgaben ein paar Probleme. Gehen Sie die Aufgaben mit Papier und Bleistift – und falls nötig mit dem Taschenrechner – noch einmal durch. Meist ist das Schwierigste, den Lösungsweg zu finden. Wenn Sie den einmal kennen, geht das Ausrechnen schnell.

 0–29 BRONZE

Rechnen ist nicht Ihre starke Seite, aber lassen Sie sich nicht schon vom Anblick der Zahlen einschüchtern. Versuchen Sie sich an der Herausforderung und üben Sie Kopfrechnen. Dann wiederholen Sie dieses Kapitel.

 Die Herausforderung finden Sie auf Seite 179.

KAPITEL 9

ZAHLEN, NICHTS ALS ZAHLEN

RECHNEN FÜR FORTGESCHRITTENE

Zahlen, nichts als Zahlen

Lassen Sie sich von den vielen Zahlen nicht beeindrucken. Die Übungen in diesem Kapitel können genauso mit logischen Überlegungen gelöst werden wie die in den anderen Kapiteln. Also keine Angst, sondern ran an den Speck!

FRAGEBOGEN

Mit diesem Fragebogen können Sie feststellen, wie schnell Zahlen Sie beeindrucken.

1 Sie möchten einen Weiterbildungskurs belegen. Einer der angebotenen Kurse interessiert Sie sehr, enthält aber auch ein wenig Statistik. Melden Sie sich dennoch an oder suchen Sie sich einen anderen Kurs?

Anmelden/weitersuchen
[1 Punkt für »anmelden«]

2 Ein Freund hat Probleme, sein Konto auszugleichen, und bittet Sie, sich seine Kontoauszüge einmal anzusehen. Sagen Sie zu oder schrecken Sie zurück?

Zusagen/zurückschrecken
[1 Punkt für »zusagen«]

3 Bei einem Team-Building-Seminar sollen Sie die Höhe eines Baumes mithilfe einer langen Kordel und einem Taschenrechner errechnen. Probieren Sie es oder überlassen Sie die Aufgabe lieber jemand anderem?

Probieren/weitergeben
[1 Punkt für »probieren«]

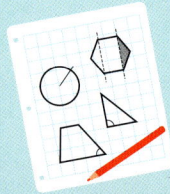

4 Ihr zwölfjähriger Neffe bittet Sie, ihm bei seinen Mathe-Hausaufgaben zu helfen. Tun Sie das oder zucken Sie mit den Schultern?

Helfen/Schulterzucken
[1 Punkt für »helfen«]

5 Sie sind Mitglied in einem Verein und werden gebeten, den Posten des Kassenwarts zu übernehmen. Nehmen Sie an oder lehnen Sie ab?

Annehmen/ablehnen
[1 Punkt für »annehmen«]

6 Ein Immobilienmakler soll den Wert Ihres Hauses festlegen. Er bittet Sie, die Grundstücksgröße in Quadratmetern auszurechnen. Gelingt Ihnen das?

Gelingt/scheitert
[1 Punkt für »gelingen«]

Wie haben Sie abgeschnitten?

0–2: Zahlen sind definitiv nicht Ihre Freunde. Wagen Sie sich dennoch an dieses Kapitel, zumindest an die ersten Übungen. Je mehr Sie Ihr Zahlenverständnis trainieren, desto leichter werden Ihnen schwere Aufgaben fallen.

3–4: Sie rechnen nicht gerne? Wenn Sie mit diesen Aufgaben trainieren, könnte es Ihnen leichter fallen.

5–6: Zahlen machen Ihnen keine Angst. Testen Sie mit den folgenden Übungen, wie gut Sie sind und ob Sie auch die harten Nüsse knacken können.

1 RECHNER KAPUTT

Die Tasten +, −, × und ÷ Ihres Taschenrechners fehlen, Sie haben aber keine Zeit, sich einen neuen zu kaufen. So beschließen Sie herauszufinden, welche Taste welche Funktion hat. Sie beschriften die Lücken mit A, B, C und D und erhalten bei den folgenden Rechnungen diese Ergebnisse:

4 **(A)** 3 ergibt dasselbe wie 6 **(B)** 6
2 **(C)** 2 = 4
2 **(D)** 2 = 4
5 **(C)** 7 ist weniger als 8 **(D)** 2
Welche Taste ist was?

A _____
B _____
C _____
D _____

Lösungen auf Seite 182. Für alle vier korrekt bezeichneten Tasten gibt es zusammen 1 Punkt.
Ihre Punktzahl _____

2 PRIMA ZAHLEN

Als Primzahlen bezeichnet man Zahlen, die nur durch sich selbst oder durch eins teilbar sind: 1, 3, 5, 7, 11 usw. Können Sie die nächsten zehn Primzahlen finden, die nach der elf kommen?

Primzahlen _____

Lösungen auf Seite 182
Für zehn korrekte Primzahlen gibt es 3 Punkte.
Ihre Punktzahl _____

3 ALLEN GEMEIN

Können Sie mit den Primzahlen im Hinterkopf herausfinden, was diese Zahlen verbindet?

25
35
51
77
119
143

Lösung _____

Lösung auf Seite 182

Für die korrekte Lösung gibt es 1 Punkt.
Ihre Punktzahl _____

TIPP Trainieren Sie mit Zahlenrätseln in Zeitungen und Zeitschriften. Bei Zahlenrätseln wie Sudoku und Kakuro geht es mehr um logisches Denken als um Zahlenverständnis. Sie enthalten zwar Zahlen, doch die ließen sich durch andere Symbole ersetzen. Es gibt aber auch mathematische Rätsel, die Ihr Rechenvermögen trainieren, zum Beispiel Zahlenreihen, Rechenrätsel und Logikrätsel.

4 DURCHSCHNITTSÄPFEL

Sie arbeiten im Gemüsehandel und nehmen eine Lieferung Äpfel entgegen. Sie möchten herausfinden, wie schwer ein Apfel in einer Kiste durchschnittlich ist, haben aber nur die rechts gezeigten Informationen. Können Sie damit errechnen, wie viel ein Apfel durchschnittlich wiegt?

Lösung _____

Lösung auf Seite 182
Für die korrekte Lösung gibt es 2 Punkte.
Ihre Punktzahl _____

Kisteninhalt
67 Äpfel wiegen je 112 g.
32 Äpfel wiegen je 98 g.
125 Äpfel wiegen je 132 g.
16 Äpfel wiegen je 102 g.

5 ZAHLENDREIECK I

Finden Sie die Formel, mit der sich aus den Zahlen in den Ecken des Dreiecks die Zahl in der Mitte als Ergebnis errechnen lässt, und ergänzen Sie anhand dieser Formel die fehlende Zahl rechts unten im rechten Dreieck.

8

70

7   14

9

74

7   11

7

65

7   ?

Lösung _____

Lösung auf Seite 182   **Für die korrekte Lösung gibt es 1 Punkt. Ihre Punktzahl** _____

6 ZAHLENDREIECK II

Wie lautet die fehlende Zahl?   Lösung auf Seite 182

9

12

4   3

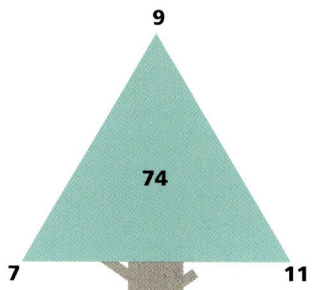

5

10

8   4

8

?

3   6

Lösung _____   **Für die korrekte Lösung gibt es 2 Punkte. Ihre Punktzahl** _____

7 ZAHLENKREUZ I

Wie lautet die fehlende Zahl?

Lösung auf Seite 183

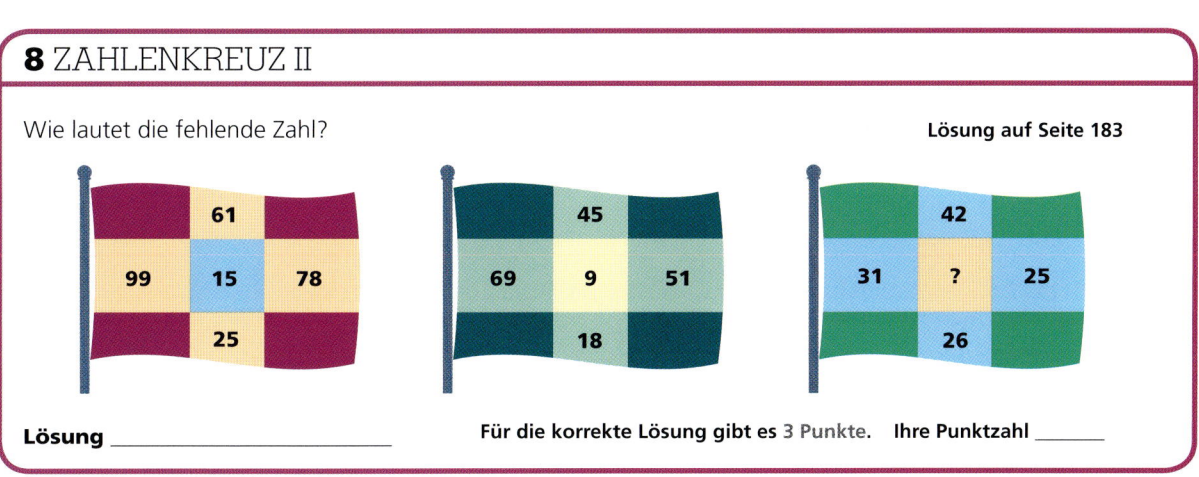

	26	
36	18	72
	91	

	33	
82	20	46
	86	

	42	
50	?	35
	16	

Lösung _____

Für die korrekte Lösung gibt es 2 Punkte. Ihre Punktzahl _____

8 ZAHLENKREUZ II

Wie lautet die fehlende Zahl?

Lösung auf Seite 183

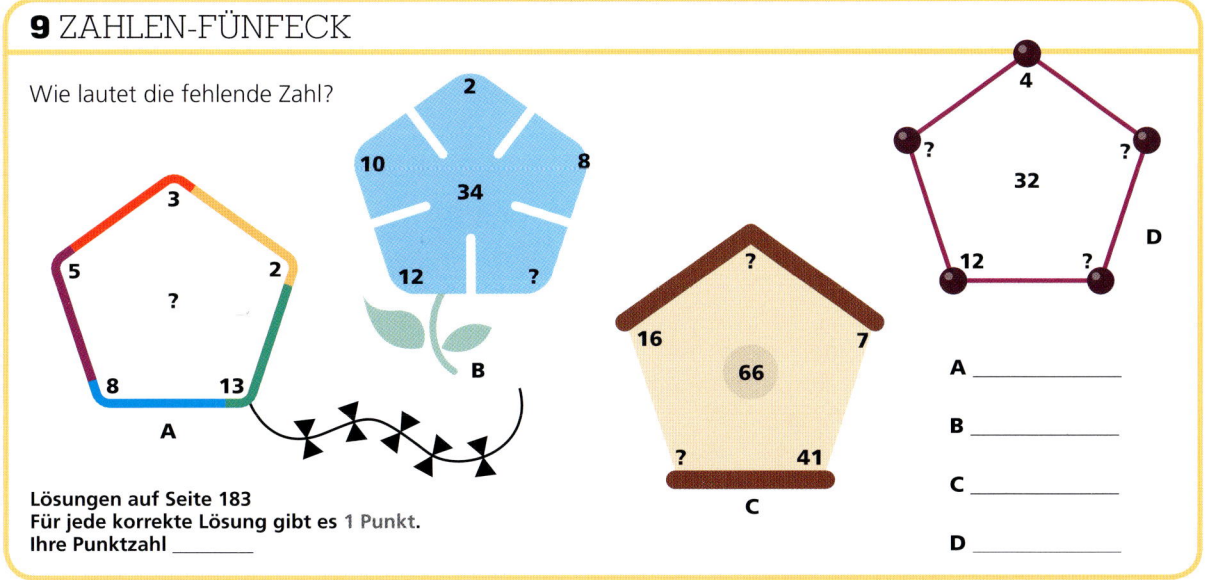

	61	
99	15	78
	25	

	45	
69	9	51
	18	

	42	
31	?	25
	26	

Lösung _____

Für die korrekte Lösung gibt es 3 Punkte. Ihre Punktzahl _____

9 ZAHLEN-FÜNFECK

Wie lautet die fehlende Zahl?

A
3, 5, 2, 8, 13, ?

B
2, 10, 8, 34, 12, ?

C
?, 16, 7, 66, ?, 41

D
4, ?, ?, 32, 12, ?

A _____

B _____

C _____

D _____

Lösungen auf Seite 183
Für jede korrekte Lösung gibt es 1 Punkt.
Ihre Punktzahl _____

10 ZAHLENQUADRAT

Wie lautet die fehlende Zahl?

7	4	9	27
6	3	8	24
8	2	7	?
9	5	8	32

Lösung _____

Lösung auf Seite 183
**Für die korrekte Lösung gibt es
2 Punkte.   Ihre Punktzahl** _____

11 SEHR VERWINKELT

Ein grundlegender Satz der Geometrie besagt, dass die Winkel eines Dreiecks immer 180° ergeben. Ein rechtwinkliges Dreieck hat einen 90°-Winkel. Können Sie mit diesem Wissen bestimmen, wie groß die hier fehlenden Winkel sein müssen? Achtung: Diese Zeichnung ist nicht maßstabgetreu.

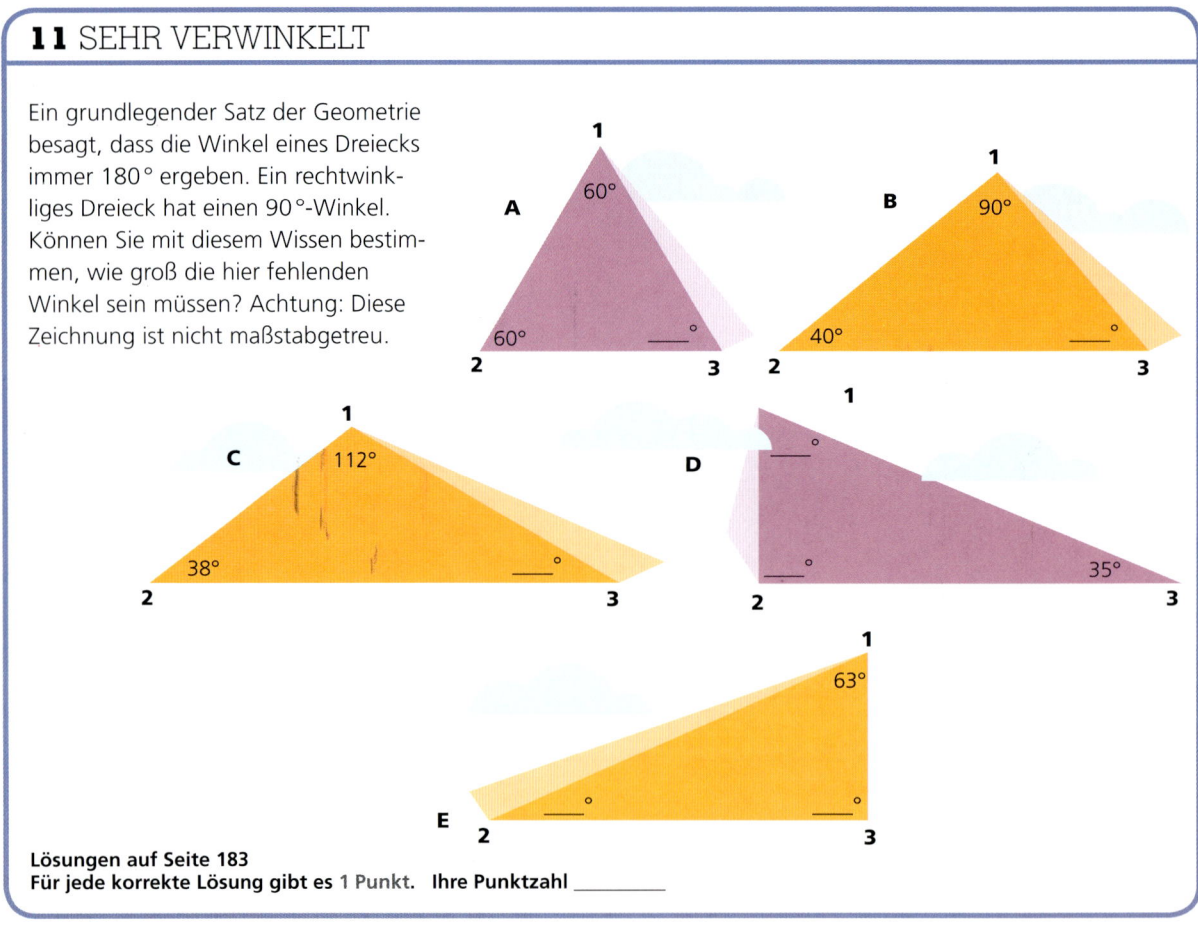

Lösungen auf Seite 183
Für jede korrekte Lösung gibt es 1 Punkt. Ihre Punktzahl _____

12 FLÄCHENMASS

Es folgen einige Formeln zur Berechnung zweidimensionaler Formen. Können Sie mit deren Hilfe die Flächen und Volumen dieser Formen berechnen? Für die Übung haben wir Pi auf den Wert 3,14 vereinfacht.

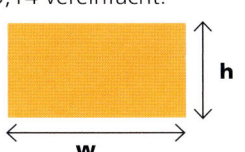

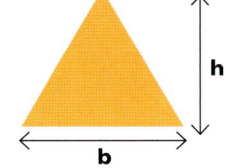

Fläche eines Rechtecks
Breite × Höhe

Fläche eines Dreiecks
=½ × Basis × Höhe

Fläche des Kreises
Pi × Radius²
Umfang eines Kreises
2 × Pi × Radius

A

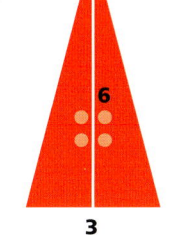

B

Wie groß ist die Fläche dieses Rechtecks? _____

Wie groß ist die Fläche dieses Dreiecks? _____

C

D

Die Fläche dieses Rechecks ist 20. Wie hoch ist es?

_____

Die Fläche dieses Dreiecks ist 8. Wie hoch ist es?

_____

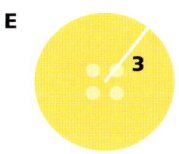

E

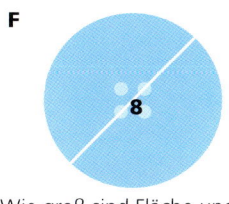

F

Wie groß sind Fläche und Umfang dieses Kreises?

_____

Wie groß sind Fläche und Umfang dieses Kreises?

_____

Lösungen auf Seite 183   Für jede korrekte Lösung gibt es 1 Punkt. Ihre Punktzahl _____

13 RAUMGRÖSSEN

Es ist ihr erster Arbeitstag und Sie sollen gemeinsam mit einem Makler einen Bungalow vermessen. Können Sie mithilfe des Grundrisses seine Gesamtfläche errechnen? Jedes Quadrat ist 0,5 m² groß.

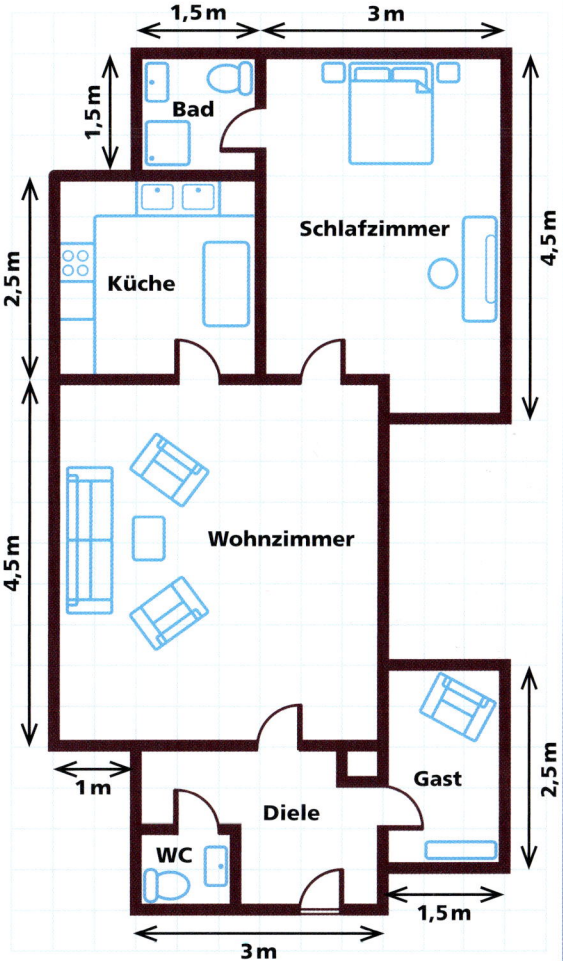

Lösung _____

Lösung auf Seite 183
Für die korrekte Lösung gibt es 2 Punkte.
Ihre Punktzahl _____

14 ALGEBRA-ALARM

Algebra ist einfacher, als sie aussieht, und wahrscheinlich nutzen Sie sie täglich, ohne es zu wissen. Können Sie errechnen, welchen Wert a in diesen Rechnungen hat?

A Sie haben 7 Äpfel für insgesamt 3,50 Euro gekauft. Wie viel kostet 1 Apfel? **a × 7 = 350** _____

B Ihr Polsterer sagt Ihnen, dass er zum Beziehen jedes Stuhls zwei Quadratmeter Stoff und für neun Stühle drei Rollen davon benötigt. Wie viel Quadratmeter hat jede Rolle?
3a ÷ 9 = 2 _____

C Frau Taubert spendet dem Tierheim vier Kartons Tierfutter und Frau Rodel spendet drei Kartons Futter. Das Tierheim erhält insgesamt 21 Dosen Tierfutter. Wie viele Dosen waren in jedem Karton? **4a + 3a = 21** _____

D Fünf Fischerboote mit gleicher Besatzungszahl stachen am Abend in See. Die Fischer kommen zwar alle lebend zurück, aber nur drei Boote laufen am Morgen ein, gefolgt von zehn erschöpft an Land schwimmenden Fischern. Wie viele Fischer waren auf jedem der Boote? **5a = 10 + 3a** _____

E Die Anzahl der Kaugummistreifen in drei Paketen entspricht 48 geteilt durch die Anzahl der Kaugummistreifen in einem Paket. Wie viele Streifen sind in jedem Paket? **3a = 48 ÷ a** _____

Lösungen auf Seite 183
Für jede korrekte Lösung gibt es 1 Punkt.
Ihre Punktzahl _____

15 ZEICHNE ES EIN

Algebra ist zur Beschreibung von Linien in Grafiken praktisch. Auch alltägliche Dinge, bei denen sich eine Variable im Bezug auf eine andere ständig ändert und die numerisch dargestellt werden kann, lassen sich so grafisch darstellen. Die Gleichung x = y bedeutet beispielsweise, dass für jede Einheit, die auf der x-Achse hinzukommt, auch eine auf der y-Achse addiert werden muss (siehe Grafik). Können Sie die folgenden Szenarien in einfache Formeln übersetzen und diese auf einem separaten Blatt Karopapier eintragen?

Graph 1: Ihr altes Auto verbraucht einen Liter Benzin auf zwei Kilometer. Tragen Sie die Distanz (in Kilometern) auf der y-Achse und den Benzinverbrauch auf der x-Achse ein. Der Graph zeigt Ihren Benzinverbrauch: **x = 2y**

Graph 2: Sie radeln einen steilen Berg hinauf und gewinnen auf zwei Streckenmetern (x) jeweils einen Höhenmeter (y). Zeichnen Sie einen Graphen für die Hangneigung: **2x = y**

Graph 3: Ihr Bruder ist zwei Jähre älter als Sie. Zeichnen Sie sein Alter auf der y-Achse und Ihres auf der x-Achse ein: **y = x + 2**

Lösungen auf Seite 183
Für jeden korrekten Graph gibt es 1 Punkt.
Ihre Punktzahl _____

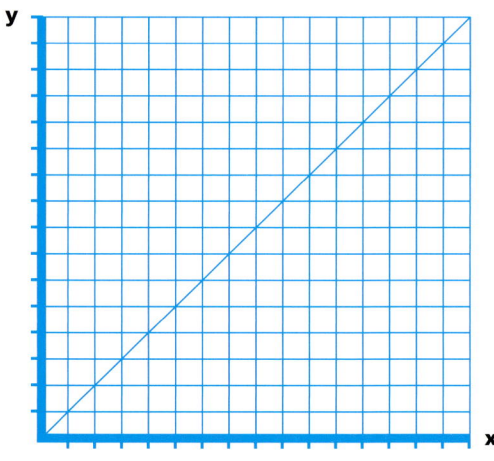

16 LERNKURVE

Mithilfe einfacher Algebra können Sie auch Kurven beschreiben. Sie könnten beispielsweise die Breite eines quadratischen Teppichs auf der x-Achse eintragen und auf der y-Achse seine Fläche: **$y = x^2$**. Sobald sich die Breite des Teppichs um eine Einheit erhöht, erhöht sich seine Fläche um die Quadratzahl dieser Einheit. Die Grafik unten zeigt den Verlauf der Kurve, der sich aus der Gleichung **$y = x^2$** ergibt.

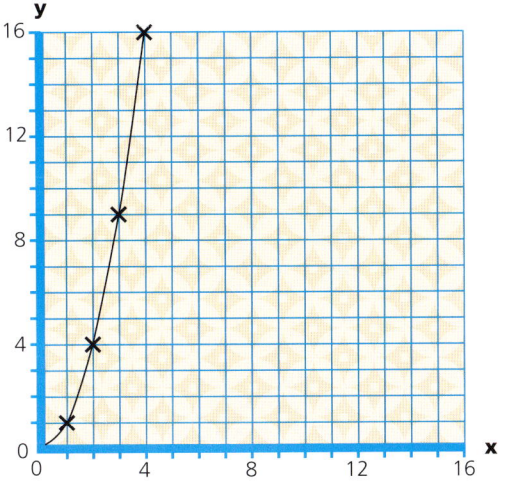

Tragen Sie auf einem separaten Karopapier die folgende Formel in das Koordinatensystem ein. Sie lautet **$y = x^2 - 2$**.

Lösung auf Seite 183
Für die korrekt gezeichnete Kurve gibt es 2 Punkte.

Ihre Punktzahl _____

TIPP

Wenn Sie sich in Teilgebieten wie Algebra und Geometrie unsicher fühlen, ist es sinnvoll, ein paar Grundlagen zu wiederholen. Es gibt viele Seiten im Internet, die Sie auf einfache und spannende Weise wieder an die Mathematik heranführen. Mit einfachen bis komplizierten Aufgaben können Sie Ihre Rechenfähigkeit trainieren und so Ihr Selbstbewusstsein hierfür wiedergewinnen.

Ihre Punktzahl **/50**

 40–50 GOLD

Ihre mathematischen Fähigkeiten sind gut, aber haben Sie die höchste Punktzahl? Wenn nicht, versuchen Sie herauszufinden, wo Ihr Fehler lag.

 20–39 SILBER

Sie haben sich gut geschlagen, aber Ihre Rechenkünste könnten ein wenig Auffrischung gebrauchen. Wiederholen Sie die Übungen, die falsch waren.

 0–19 BRONZE

Sie trauen sich in Sachen Mathe wenig zu und haben einige Aufgaben wahrscheinlich gar nicht erst probiert. Geben Sie nicht auf, bevor Sie nicht alle Aufgaben richtig lösen können.

 Die Herausforderung finden Sie auf Seite 179.

KAPITEL 10

AUF DER ZUNGENSPITZE

SPRACHVERMÖGEN

Auf der Zungenspitze

Das Sprachvermögen beschreibt die Fähigkeit, eine Sprache zu verstehen und zu benutzen. Bestimmt wird es aus der Kombination des sprachlichen Wissens, zum Beispiel dem Vokabular, und dem Vermögen, dieses Wissen anzuwenden.

FRAGEBOGEN

Hier können Sie schnell testen, wie es um Ihr Sprachvermögen steht.

1 Wenn Sie in der Zeitung die Rätselseite erreichen, versuchen Sie, es zu lösen, oder blättern Sie schnell weiter?

Versuchen/weiterblättern
[1 Punkt für »versuchen«]

2 Wenn Sie auf ein Wort stoßen, dass Sie nicht kennen, können Sie aus dem Kontext oder dem Wortstamm erschließen, was es bedeutet?

Oft/selten
[1 Punkt für »oft«]

3 Spielen Sie lieber Scrabble oder Tetris?

Scrabble/Tetris
[1 Punkt für »Scrabble«]

4 Sie sollen zum Geburtstag Ihres Vaters eine Rede halten. Gehen Sie selbstsicher ans Schreiben oder eher ängstlich?

Selbstsicher/ängstlich
[1 Punkt für »selbstsicher«]

5 Wie kämen Sie zurecht, wenn die Rechtschreibprüfung Ihres Computers ausfallen würde?

Gut/schlecht
[1 Punkt für »gut«]

6 Wenn in Ihrem Haushalt ein Beschwerdebrief verfasst werden soll, wer übernimmt das?

Ich/jemand anderer
[1 Punkt für »ich«]

Wie haben Sie abgeschnitten?

0–2: Sie sind in sprachlichen Dingen sehr unsicher. Gehen Sie die Übungen in diesem Kapitel durch, um Ihre Sprachfähigkeit zu testen und sich selbst ein ordentliches Workout in diesem Bereich zu verpassen.
3–4: Ihr Sprachvermögen ist nicht übel, aber in man-chen Dingen könnten Sie sich verbessern. Mit den folgenden Übungen stärken Sie Ihre Sprachsicherheit.
5–6: Sie sind wortgewandt und belesen, aber auf dem Gebiet der Sprache kann man sich stets verbessern. Nutzen Sie die Übungen dieses Kapitels, um Ihre Fähigkeiten auszubauen.

1 VON A BIS Z

Bringen Sie die zehn Wörter unten innerhalb von 30 Sekunden in alphabetische Reihenfolge, indem Sie die Zahlen eins bis zehn dazuschreiben.

Maus ___

Flasche ___

Leiter ___

Xylophon ___

Reißver-
schluss
___

Apfel ___

Krone ___

Uhr ___   Kopfhörer ___   Baum ___

Lösung auf Seite 183
Für die korrekte Reihenfolge gibt es 1 Punkt.
Ihre Punktzahl _____

2 VON S BIS S

Nun wird das Sortieren schon schwieriger. Bringen Sie die folgenden zehn Wörter innerhalb von 30 Sekunden in alphabetische Reihenfolge. Schreiben Sie dazu die Zahlen eins bis zehn daneben.

___ **Spatel**   ___ **Spaghetti**

___ **Sparkurs**   ___ **Spaziergang**

___ **Spagat**   ___ **Spachtel**

___ **Spalier**   ___ **Spaniel**

___ **Spasmus**   ___ **Spartakus**

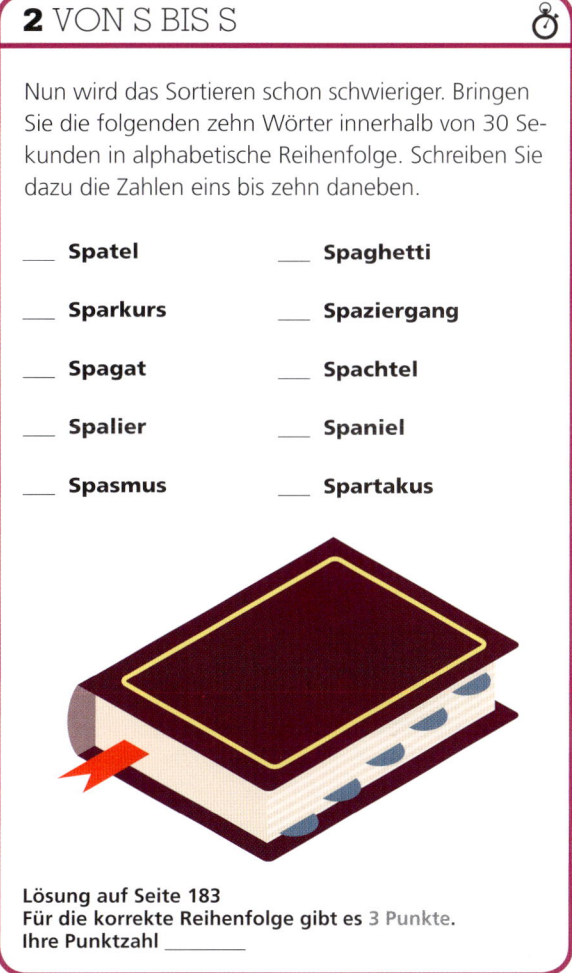

Lösung auf Seite 183
Für die korrekte Reihenfolge gibt es 3 Punkte.
Ihre Punktzahl _____

3 LÜCKEN FÜLLEN

Unten finden Sie eine Bildgeschichte. Können Sie die Wörter rechts sinnvoll in die Lücken einsetzen und damit eine Geschichte erzählen?

ignorierten, doch, bewachte, schwenkte, zerrten, aber, kam

Die _____ das _____ die _____ die

und _____ an ihrem _____ der _____ mit dem _____ und _____ seine

Lösungen auf Seite 183
Für die korrekt gefüllten Lücken gibt es 2 Punkte.   **Ihre Punktzahl _____**

4 SYNONYME

Synonyme sind Worte mit gleicher oder sehr ähnlicher Bedeutung. Kreisen Sie in den Listen die Wörter ein, deren Bedeutung am ähnlichsten ist.

A

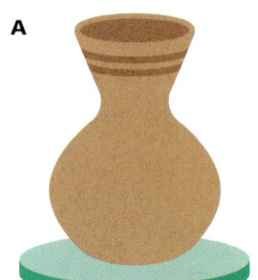

Kunstvoll
Ungeschickt
Flink
Gerissen
Gekonnt

B

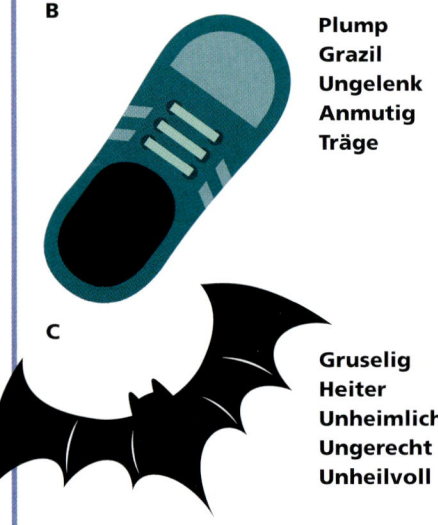

Plump
Grazil
Ungelenk
Anmutig
Träge

C

Gruselig
Heiter
Unheimlich
Ungerecht
Unheilvoll

D

Wendig
Linkisch
Munter
Behände
Scharfsinnig

Lösungen auf Seite 184   Für jedes korrekte Paar gibt es 1 Punkt.   Ihre Punktzahl _____

5 SYNONYME DURCH VERGLEICH

Umkreisen Sie in den folgenden Vergleichen das Wort, dass die Aussage richtig ergänzt:

A

Einsamkeit steht zu **Isolation** wie **Täuschung** zu:
Bösartigkeit
Verlogenheit
Genialität
Fehlbarkeit

B

Robust steht zu **strapazierfähig** wie **zart** zu:
Schwer
Nutzlos
Abstrus
Zerbrechlich

C

Flagge steht zu **Wimpel** wie **Signal** zu:
Hand
Ampel
Band
Mast

D

Alert steht zu **aufgeweckt** wie **ehrlich** zu:
Fromm
Wachsam
Aufrichtig
Aufmerksam

Lösungen auf Seite 184   Für jede korrekte Lösung gibt es 1 Punkt.   Ihre Punktzahl _____

6 ANTONYME

Ein Antonym ist ein Wort mit entgegengesetzter Bedeutung. Kreisen Sie in den folgenden Listen die Wortpaare ein, die die stärksten Gegensätze bilden.

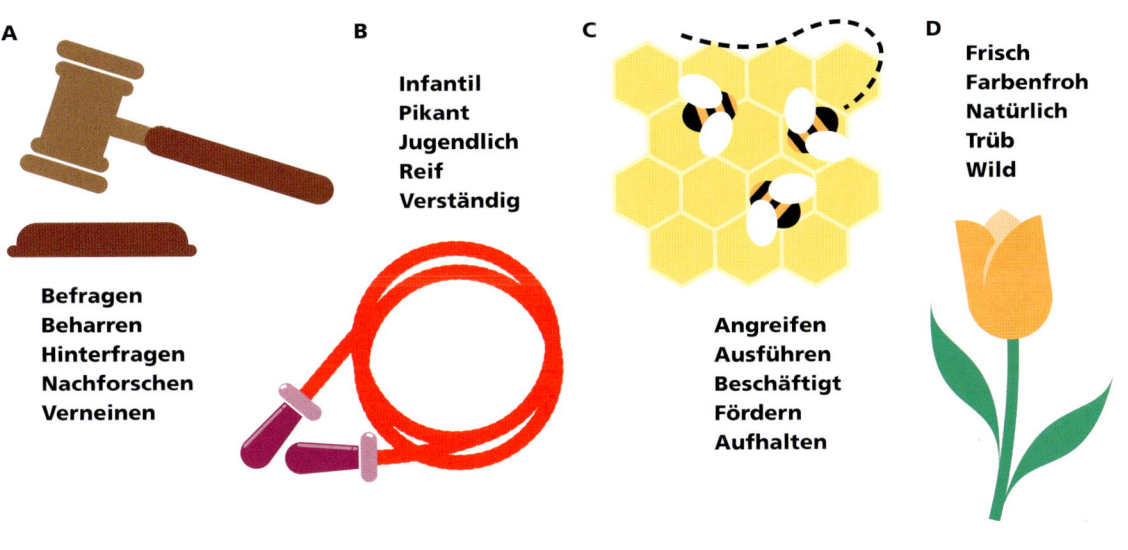

A

Befragen
Beharren
Hinterfragen
Nachforschen
Verneinen

B

Infantil
Pikant
Jugendlich
Reif
Verständig

C

Angreifen
Ausführen
Beschäftigt
Fördern
Aufhalten

D

Frisch
Farbenfroh
Natürlich
Trüb
Wild

Lösungen auf Seite 184

Für jede korrekte Lösung gibt es **1 Punkt**. Ihre Punktzahl _____

7 ANTONYME DURCH VERGLEICH

Umkreisen Sie in den folgenden Vergleichen das Wort, das die Aussage richtig ergänzt.

A

Aufregung steht zu **Langeweile** wie **Stumpfsinn** zu:
Farblosigkeit
Begeisterung
Strahlkraft
Überdruss

B

Heikel steht zu **stabil** wie **schicklich** zu:
Unverfälscht
Unverblümt
Zügellos
Unbefangen

C

Schmuck steht zu **kahl** wie **Zement** zu:
Repariert
Locker
Fest
Zerbrochen

D

Fröhlich steht zu **betrübt** wie **kühn** zu:
Zaghaft
Entschlossen
Überstürzt
Berühmt

Lösungen auf Seite 184

Für jede korrekte Lösung gibt es **1 Punkt**. Ihre Punktzahl _____

8 WORTWERTE

Hier sind 20 Buchstaben und ihre Werte. Können Sie diese Buchstaben so kombinieren, dass die Worte den angegebenen Wert haben?

A_1 E_1 O_1 U_2 N_2

S_2 R_2 T_2 D_3 C_3

B_3 F_3 M_3 L_3 Y_4

P_4 H_4 Q_7 J_7 X_{10}

A 16 _____

B 23 _____

C 17 _____

D 8 _____

Lösungen auf Seite 184

Für jede korrekte Lösung gibt es 2 Punkte. **Ihre Punktzahl** _____

9 WORTGITTER

Hier versteckt sich ein Wort mit zwölf Buchstaben. Von einem Buchstaben zum nächsten dürfen Sie sich horizontal oder vertikal ein Feld weiterbewegen, aber nicht diagonal. Jeder Buchstabe darf nur einmal verwendet werden. Erraten Sie die fehlenden Buchstaben. Finden Sie das Wort?

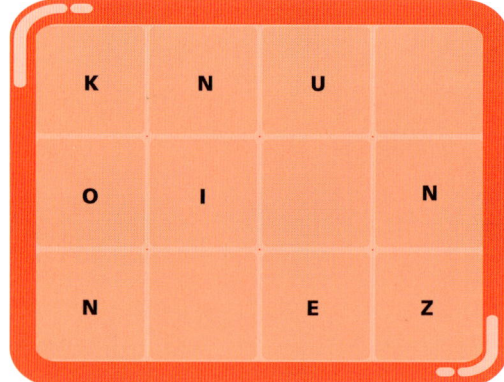

K	N	U	
O	I		N
N		E	Z

Lösung _____

Lösung auf Seite 184   Für die korrekte Lösung gibt es 1 Punkt. Ihre Punktzahl ____

10 WAS PASST NICHT?

A Welche Buchstabenreihe gehört nicht dazu?

TUCHHAND
WALDMISCH
BARTVOLL
GRUNDHAUT
FALLUN

Lösung _____

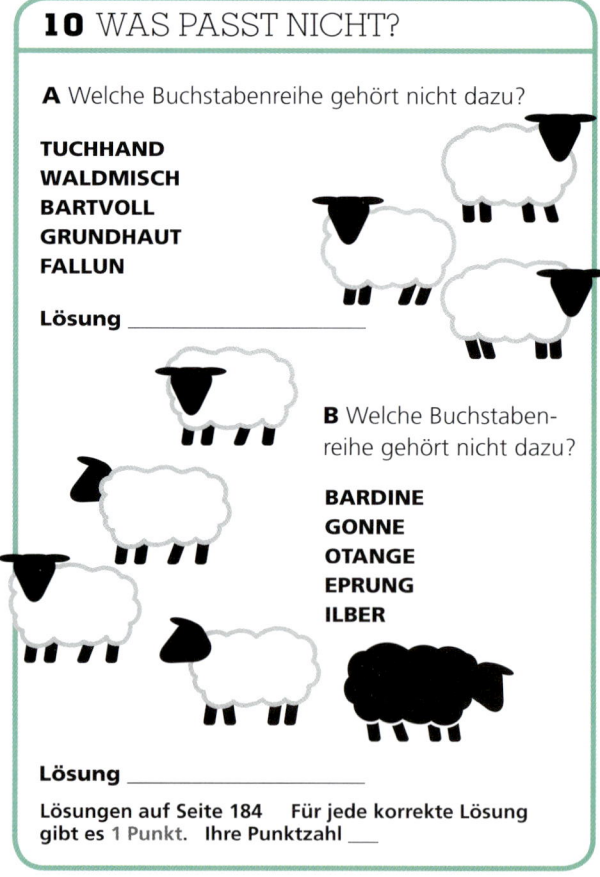

B Welche Buchstabenreihe gehört nicht dazu?

BARDINE
GONNE
OTANGE
EPRUNG
ILBER

Lösung _____

Lösungen auf Seite 184   Für jede korrekte Lösung gibt es 1 Punkt. Ihre Punktzahl ___

11 STROOP-TEST

Der Stroop-Test ist eine lustige Übung. Sie zeigt, wie stark unsere Wahrnehmung und unser Sprachzentrum zusammenarbeiten und wie sehr unbewusste Prozesse unsere bewussten Intentionen beeinträchtigen können. Rechts sehen Sie einen Kasten mit Farbtuben, die Farbnamen sind farbig gedruckt. Sagen Sie die Farben, in denen die Tuben bedruckt sind, so schnell wie möglich auf. Achten Sie darauf, die Farben aufzuzählen, nicht die Farbwörter. Sie werden merken, dass das gar nicht so einfach ist, denn unterbewusst lesen Sie automatisch den Farbnamen mit, was zu Konflikten führt.

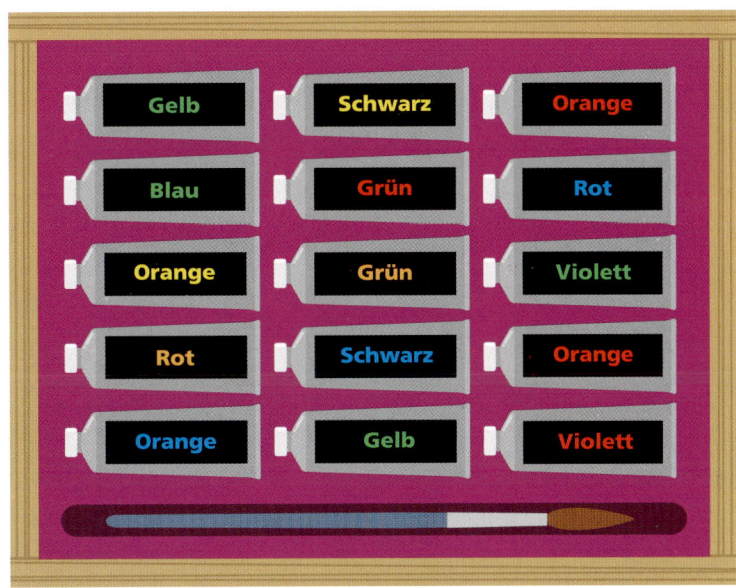

Weniger als 10 Sekunden: 3 Punkte, **10–15 Sekunden:** 2 Punkte, **15–20 Sekunden:** 1 Punkt   **Ihre Punktzahl** _____

12 AUF DEM KOPF GELESEN

Indem Sie einen auf dem Kopf stehenden Text lesen, üben Sie, Buchstaben und Wörter zu erkennen. Zudem trainiert dies Ihre Sprachfähigkeit. Überfliegen Sie den Text rechts kurz, ohne ihn umzudrehen. Decken Sie ihn dann ab und beantworten Sie die folgenden Fragen:

Die Geschichte des Louvre geht bis ins Mittelalter zurück. Er wurde 1190 von König Philipp II. August als Festung erbaut, um Paris gegen die Wikinger zu schützen. Seinen imposanten Turm verlor er unter König Franz I., der die Burg zu einem Renaissance-Palast umbaute. In den 400 Jahren danach bauten die jeweiligen Herrscher ihn weiter um und aus. Die jüngste Ergänzung ist die Glaspyramide des Architekten Ieoh Ming Pei von 1989.

A Als was wurde der Louvre ursprünglich erbaut?   _____

B Welcher König baute ihn zum Renaissance-Palast um?   _____

C Wer entwarf die Glaspyramide?   _____

Lösungen auf Seite 184

Für jede korrekte Lösung gibt es 1 Punkt.   **Ihre Punktzahl** _____

13 WORTLEITERN

Erklimmen Sie die Sprossen der Leiter vom unteren zum oberen Wort. Pro Sprosse dürfen Sie je einen Buchstaben verändern, dabei müssen sinnvolle Worte herauskommen. So gelangen Sie etwa von MAST zu KAMM über LAST, BAST, BAUT, BAUM, KAUM, KAMM. Messen Sie, wie lange Sie pro Leiter benötigen.

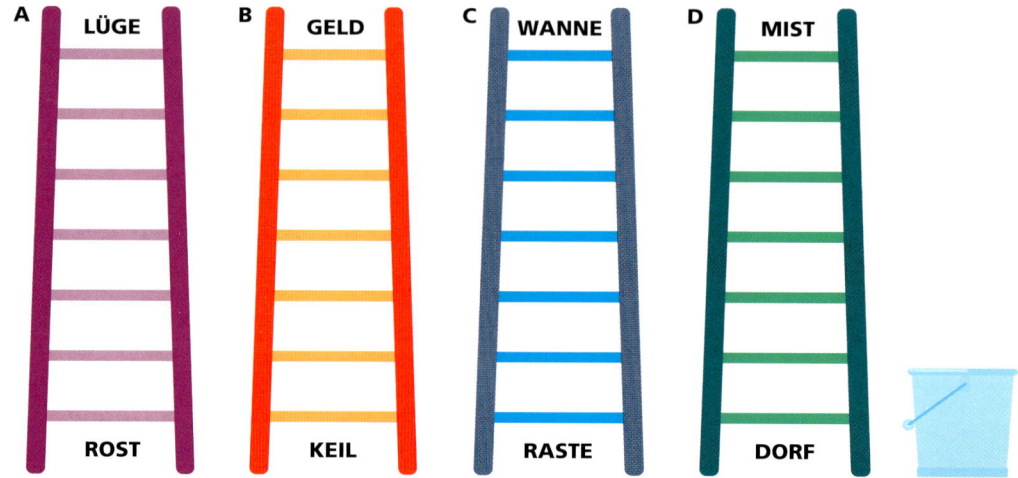

A LÜGE	**B** GELD	**C** WANNE	**D** MIST
ROST	KEIL	RASTE	DORF

Für jede unter 20 Sekunden vervollständigte Leiter gibt es 2 Punkte**, bei unter 30 Sekunden gibt es** 1 Punkt.
Ihre Punktzahl_____

14 WORT IM WORT

Wie viele Wörter mit mehr als drei Buchstaben können Sie innerhalb von 5 Minuten mit den Buchstaben folgender Wörter bilden?

Professionell

Kreationismus

Illustrationen

Administration

Permanentmagnet

Retransfusion

Wörter insgesamt
_____

3 Punkte für über 80 Wörter, 2 Punkte **für 50–79 Wörter,** 1 Punkt **für bis zu 50 Wörter in 5 Minuten.**
Ihre Punktzahl _____

TIPP Eine gute Methode, das eigene Vokabular ständig zu erweitern, ist, jeden Tag mindestens ein neues Wort zu erlernen. Wann immer Sie auf ein unbekanntes Wort stoßen, schlagen Sie es nach und benutzen Sie es möglichst häufig, damit es sich dauerhaft in Ihrem Gedächtnis verankert.

15 OBSTSALAT

Welche dieser Buchstabenfolgen ist kein Anagramm für eine Frucht? Bringen Sie die Buchstaben in die richtige Reihenfolge, um das Rätsel zu lösen.

A NABE AN

B FREITAG PUR

C HOL GURKEN

D ARMLOSE WESEN

E AHORN EIBE JENS

F APFEL UM

G CENT LEIMEN

Was gehört nicht dazu? _____

Lösungen auf Seite 184
Für jede korrekte Lösung gibt es 1 Punkt, plus 1 Punkt für den Ausreißer.
Ihre Punktzahl _____

16 ANAGRAMM-FINDER

Ermitteln Sie anhand der Bilder in weniger als 3 Minuten, was die Anagramme beinhalten.

A VDI KETTE

_____

B EI NACH ROM

_____

C OB NICHT ZU

_____

D NILORGIE

_____

E DEICH SECHS IRRT

_____

F UND FINGER

_____

Lösungen auf Seite 184
Für jede korrekte Lösung gibt es 1 Punkt.
Ihre Punktzahl _____

Ihre Punktzahl **/70**

 60–70 GOLD

Sie haben ein sehr gutes Sprachvermögen. Versuchen Sie einmal eigene Worträtsel zu entwickeln, dabei verfeinern Sie Ihr Sprachgefühl noch weiter.

 30–59 SILBER

Sie haben sich ganz gut geschlagen. Bei einigen Übungen waren Sie aber unsicher, gehen Sie diese am besten noch einmal durch.

 0–29 BRONZE

Ihr Sprachvermögen braucht ein wenig Training. Sie können es relativ einfach ausbauen, indem Sie mehr lesen und regelmäßig Worträtsel lösen. Arbeiten Sie nach einiger Zeit dieses Kapitel noch einmal durch.

 Die Herausforderung finden Sie auf Seite 179.

KAPITEL 11

WO GEHT'S LANG?

MUSTERERKENNUNG UND RÄUMLICHES DENKEN

Wo geht's lang?

Mustererkennung und räumliche Orientierung sind die Fähigkeiten, die wir benutzen, um die Form von Gegenständen, Entfernungen, Winkel und Größen einzuschätzen. Sie setzen wir ein, wenn wir Konserven in den Schrank räumen oder den Wagen einparken.

FRAGEBOGEN

Testen Sie mit diesem Fragebogen schnell Ihr räumliches Denken.

1 Können Sie unterschiedlich geformte Gegenstände gut in ein Schränkchen stapeln oder hoffen Sie einfach, dass Ihnen beim Öffnen nichts entgegenfällt?

Stapeln/hoffen
[1 Punkt für »stapeln«]

2 Sie kommen mit Ihrem Auto an eine enge Durchfahrt, die nicht viel breiter ist als der Wagen. Riskieren Sie es oder suchen Sie eine andere Route?

Riskieren/ausweichen
[1 Punkt für »riskieren«]

3 Sie sind mit einer Straßenkarte unterwegs. Müssen Sie die Karte drehen, sodass sie in Richtung der Straße zeigt, oder können Sie im Kopf umdenken?

Drehen/im Kopf umdenken
[1 Punkt für **im Kopf umdenken**]

4 Sie bestellen einen neuen Teppich. Der Verkäufer möchte von Ihnen die Quadratmeterzahl Ihres Wohnzimmers wissen. Können Sie die Größe schätzen oder müssen Sie nachmessen?

Schätzen/nachmessen
[1 Punkt für **schätzen**]

5 Sie sind mit einem Freund beim Wandern. Auf einer Karte prüft er Ihren Standort und reicht Ihnen die Karte dann weiter. Können Sie sie sauber zusammenfalten oder legen Sie sie irgendwie zusammen?

Sauber/irgendwie
[1 Punkt für **sauber**]

6 Die Sonne scheint und Sie möchten gerne einen Liegestuhl für sich aufstellen. Gelingt Ihnen das ohne Probleme oder kämpfen Sie mit dem Holzgestell?

Problemlos/Kampf
[1 Punkt für **problemlos**]

Wie haben Sie abgeschnitten?

0–2: Sie stehen mit Ihrem räumlichen Denken ein wenig auf Kriegsfuß. Mit den folgenden Übungen können Sie Ihr inneres Auge schulen.

3–4: Ihre räumliche Auffassungsgabe ist recht gut, aber manchmal sind Sie unsicher. Nutzen Sie die Übungen in diesem Kapitel als Workout im räumlichen Denken und zeigen Sie sich, was Sie können.

5–6: Ihre räumliche Vorstellungsgabe ist sehr gut. Testen Sie sich dennoch selbst und schauen Sie, ob Sie alle Aufgaben in diesem Kapitel lösen können, ohne viel nachdenken zu müssen.

1 FINDE DEN UNTERSCHIED

Auf den ersten Blick scheinen die beiden Bilder unten identisch. Es gibt jedoch sechs Unterschiede. Können Sie sie finden? Stoppen Sie die Zeit, die Sie dafür brauchen.

Lösung auf Seite 184

Bei weniger als 1 Minute gibt es 3 Punkte**, bei unter 2 Minuten** 2 Punkte **und über 2 Minuten** 1 Punkt. **Ihre Punktzahl** ____

2 GRUNDRISS

Sie sollen in dieser Wohnung Teppichboden verlegen. Wenn jedes eingezeichnete Quadrat 0,5 m² entspricht, können Sie ausrechnen, wie viel Quadratmeter Teppich Sie für alle Räume benötigen? Flur und Treppe sollen frei bleiben.

Lösung _____

Lösung auf Seite 184   **Für die korrekte Lösung gibt es** 2 Punkte. **Ihre Punktzahl** _____

3 HARTE KOPFNUSS

Wie gut das räumliche Vorstellungsvermögen ist, lässt sich durch mentale Rotation testen. Darunter versteht man die Fähigkeit, Bilder vor dem inneren Auge so zu drehen, dass man erkennen kann, ob es sich tatsächlich um das gleiche Bild handelt. Hier ein recht einfaches Beispiel für einen solchen beliebten IQ-Test als Einstieg. Die Quadrate sind identisch, aber gedreht – bis auf eine Ausnahme. Welches Quadrat ist anders?

A   B   C   D

Lösung _____   **Lösung auf Seite 184**   **Für die korrekte Lösung gibt es 1 Punkt. Ihre Punktzahl**_____

4 DIPLOMATISCHER FAUXPAS

Lassen Sie Ihr Hirn noch ein wenig mehr rotieren. Als neuer Botschafter von Ruritanien geben Sie Ihren ersten Ball. Leider haben die Botschaftsangestellten die Flaggen verkehrt herum aufgehängt, zudem ist eine falsche dazwischen geraten. Unten links sehen Sie die Flagge Ruritaniens korrekt abgebildet. Können Sie herausfinden, welche der Flaggen rechts nicht ruritanisch ist?

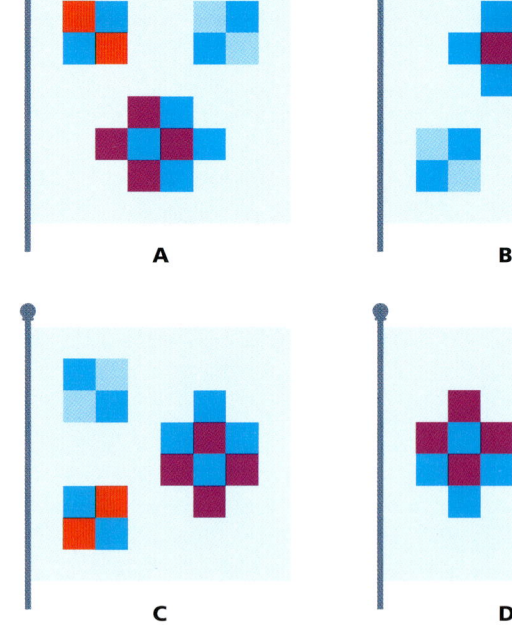

A   B

C   D

Lösung _____   **Lösung auf Seite 184**   **Für die korrekt erkannte Flagge gibt es 1 Punkt. Ihre Punktzahl** ____

5 HEFTIG VERDREHT

Hier noch ein paar hübsche Drehungen: Welches der unten gezeigten Fünfecke gehört nicht dazu?

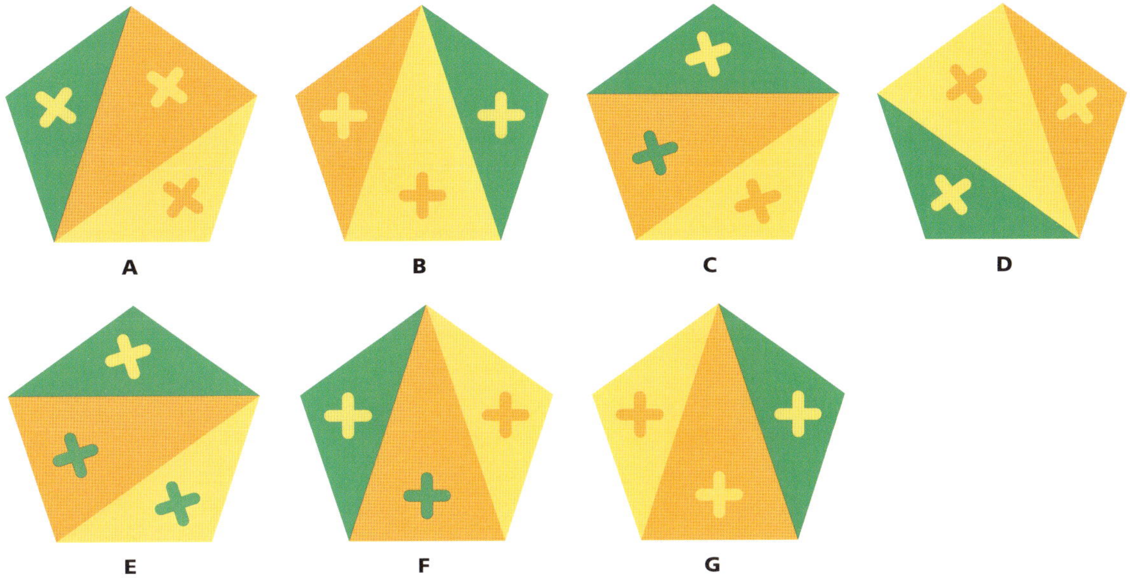

A   B   C   D

E   F   G

Lösung _____   **Lösung auf Seite 184**   Die korrekte Antwort gibt 2 Punkte. Ihre Punktzahl _____

6 SEITENVERKEHRT

Unten sehen Sie drei Ansichten eines Würfels. Können Sie durch mentale Rotation herausfinden, welche Seite D gegenüber liegt?

Lösung _____   **Lösung auf Seite 184**   Die korrekte Lösung gibt 2 Punkte. Ihre Punktzahl _____

7 FALSCHER WÜRFEL

Welcher der unten gezeigten Würfel gehört nicht dazu?

A

B

C

D

E

Lösung _____

Lösung auf Seite 185   Für die korrekte Lösung gibt es
1 Punkt. Ihre Punktzahl ____

8 AUSPACKEN

Wenn man die Seiten der Würfel »aufklappt« und sie flach auslegt, erhält man eine Kreuzform, wie in der Abbildung gezeigt.

Zu welchem der Würfeln unten lässt sich das Kreuz zusammenfalten?

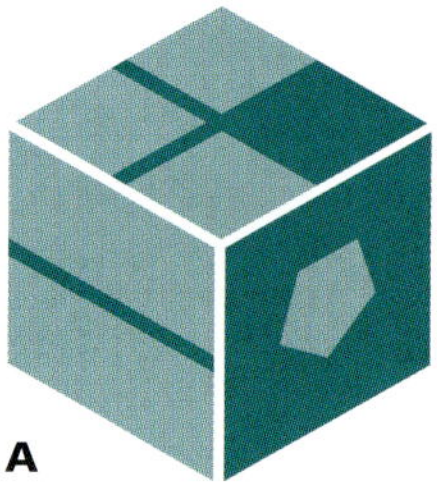

A

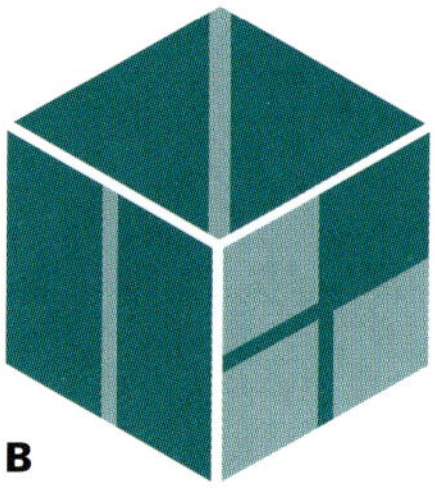

B

C

D

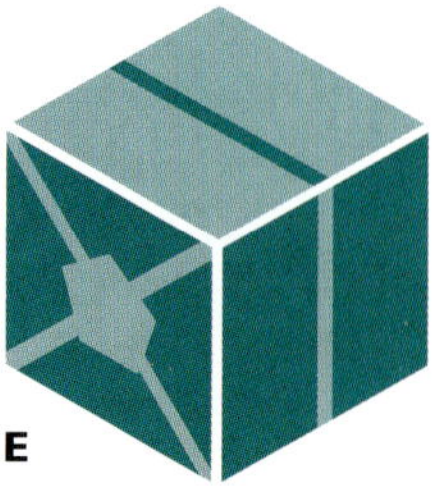

E

Lösung _____

**Lösung auf Seite 185
Für die korrekte Lösung
gibt es 2 Punkte.**

Ihre Punktzahl _____

TIPP

Die mentale Rotation dreidimensionaler Gegenstände kann eine Herausforderung sein. Eine Möglichkeit, die Aufgabe zu bewältigen ist, sie in kleinere Einheiten zu unterteilen. Bei der Betrachtung eines Würfels hilft es, eine Seite auszuwählen und sie »oben« zu nennen und sich die benachbarten Seiten zu merken. Bei anderen Ansichten verfahren Sie ebenso. Dann müssen Sie sich jeweils nur das Verhältnis von drei Seiten zueinander merken.

9 WO BIN ICH HIER?

Sie machen eine Tour durch die Berge. Das Bild unten zeigt Ihre Aussicht. Können Sie Ihren Standort auf der Karte anhand der topografischen Eigenarten der Landschaft finden?

Lösung auf Seite 185
Für den korrekten Standort gibt es 2 Punkte.
Ihre Punktzahl _____

10 KARTOGRAF

Können Sie anhand der Wegmarken und der angegebenen Beschreibungen eine korrekte Karte zeichnen?

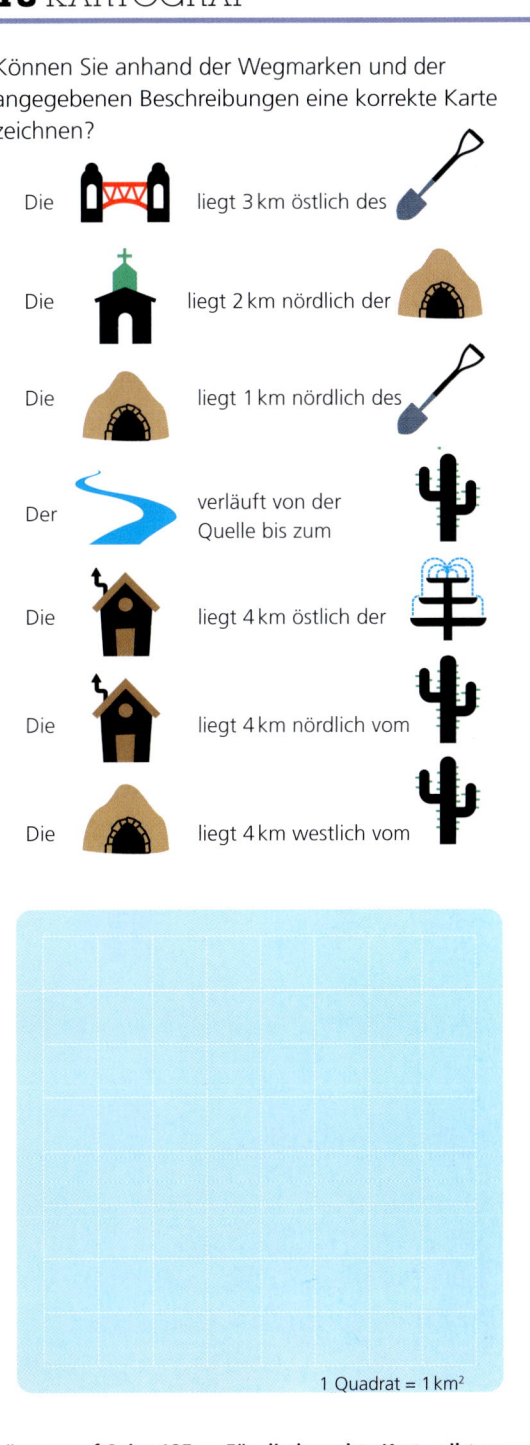

Lösung auf Seite 185   Für die korrekte Karte gibt es 2 Punkte. Ihre Punktzahl ____

147

11 AB INS EIS

Der Großeinkauf ist erledigt und Sie haben die undankbare Aufgabe, die entsprechenden Produkte in die Tiefkühltruhe zu packen. Können Sie alle abgebildeten Formen in der abgedruckten Truhe unterbringen? Zeichnen Sie Ihre Lösung ein.

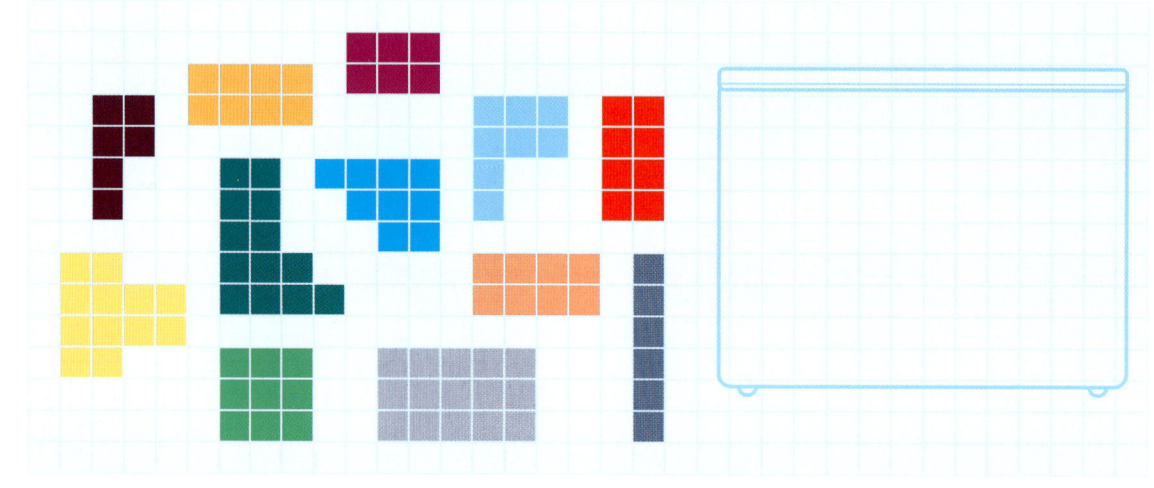

Lösung auf Seite 185   **2 Punkte, wenn alle Teile in der Truhe untergebracht sind.**   Ihre Punktzahl _____

12 SCHIEBEPUZZLE

Sie haben ein Schiebepuzzle, bei dem je ein Quadrat in das freie Feld geschoben werden kann. So sieht es im Moment aus:

Welche Variante lässt sich nicht nachstellen?

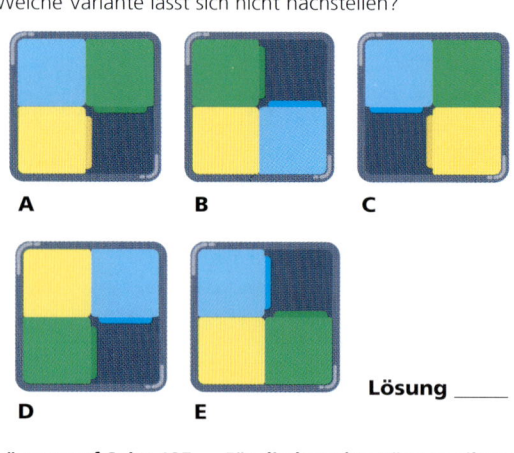

A   B   C

D   E

Lösung _____

Lösung auf Seite 185   Für die korrekte Lösung gibt es
1 Punkt.   Ihre Punktzahl _____

13 SCHACHRÄTSEL

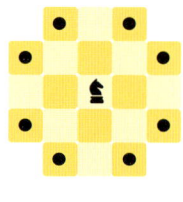

Im Bild links zeigen die Quadrate mit den schwarzen Punkten an, wie die Figur eines Pferdes sich bewegen kann. Wie viele Züge benötigt das Pferd auf dem Schachbrett unten mindestens, um den Turm zu schlagen?

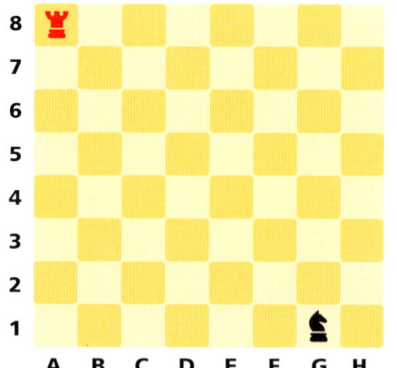

Lösung _____

Lösung auf Seite 185   Für die korrekte Lösung gibt es
1 Punkt.   Ihre Punktzahl _____

14 BILDFOLGEN I

Schauen Sie sich die Bildfolge aus vier Bildern genau an und entscheiden Sie, welches der drei Bilder unten als nächstes folgt.

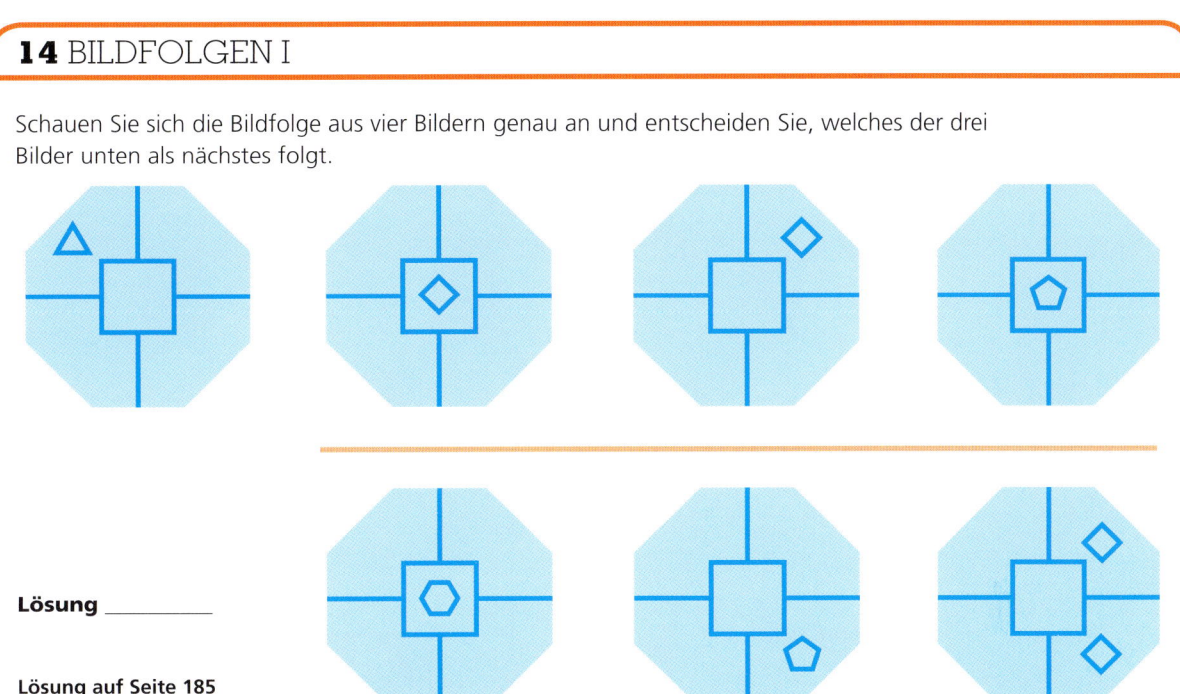

Lösung _____

Lösung auf Seite 185
Für die korrekte Lösung gibt es 1 Punkt.
Ihre Punktzahl _____

A   B   C

15 BILDFOLGEN II

Die Reihen links zeigen jeweils Teile derselben Sequenz. Welche der Reihen rechts folgt als Nächstes?

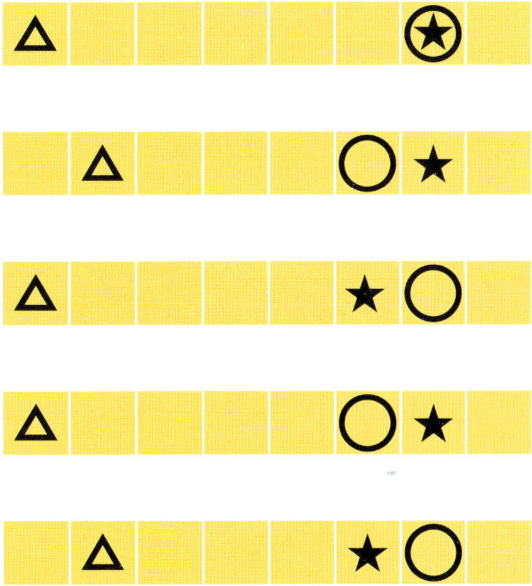

Lösung _____

Lösung auf Seite 185
Für die korrekte Lösung gibt es 1 Punkt. Ihre Punktzahl _____

16 TURN MIT

Schauen Sie sich die Bewegungsfolge an.

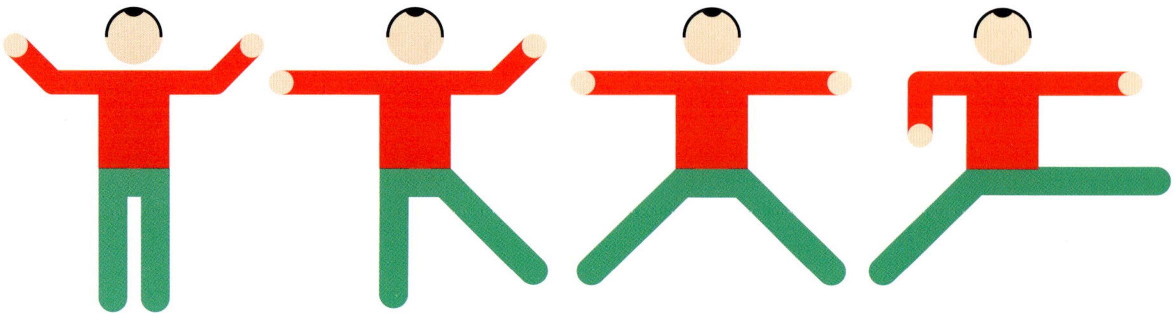

Welche Pose folgt als Nächstes in der Reihe?

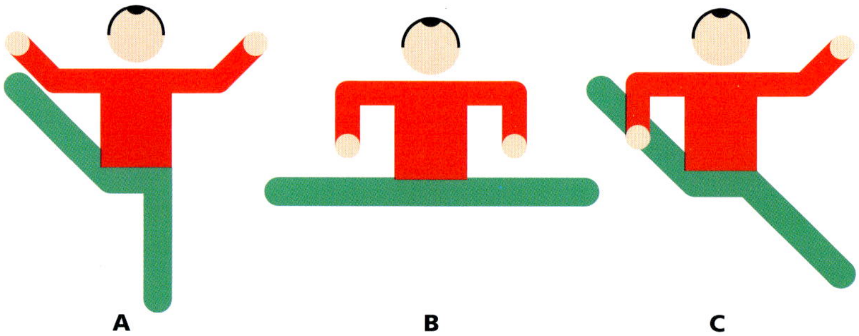

A   B   C

Lösung _____   Lösung auf Seite 185   Für die korrekte Lösung gibt es 2 Punkte.   Ihre Punktzahl _____

17 FORMENSPRACHE I

Sehen Sie sich diese Formenreihe an. Die Farben verraten Ihnen etwas über die Formen.

Welche der folgenden Formen kommt als Nächstes?

A   B   C   D   E

Lösung _____

Lösung auf Seite 185
Für die korrekte Lösung gibt es 2 Punkte.   Ihre Punktzahl _____

18 FORMENSPRACHE II

Sehen Sie sich die Reihe rechts an.

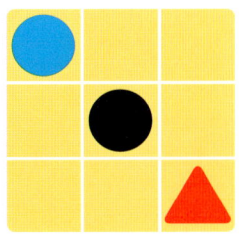  

Welches dieser Bilder folgt als nächstes?

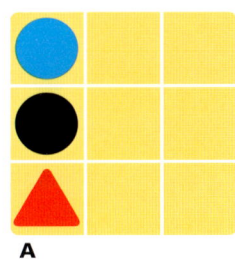   

A **B** **C** **D**

Lösung _____   Lösung auf Seite 185   Für die korrekte Lösung gibt es 2 Punkte.   Ihre Punktzahl _____

19 ALPHABET-WEG

Eine letzte, schwierige Herausforderung: Stellen Sie sich das Alphabet als zwei übereinander geschriebenen Zeilen mit je 13 Buchstaben vor. Beginnen Sie mit dem G und folgen Sie den Pfeilen. Jeder Pfeil steht für einen Buchstabenschritt in die angegebene Richtung.

Lösung _____   Lösung auf Seite 186   Für die korrekte Lösung gibt es 4 Punkte.   Ihre Punktzahl _____

Ihre Punktzahl **/40**   **30–40 GOLD**   **20–29 SILBER**   **0–19 BRONZE**

Sie haben die Übungen hervorragend gemeistert. Schauen Sie sich diejenigen noch einmal an, bei denen Sie unsicher waren, und trainieren Sie diese Bereiche.

Einige der schwierigeren Übungen waren für Sie harte Nüsse. Arbeiten Sie sie noch einmal durch und versuchen Sie, diese Art von Rätseln öfter zu lösen, um Ihr räumliches Denken zu verbessern.

Bei mentaler Rotation wird Ihnen schwindlig. Gehen Sie zur Herausforderung und trainieren Sie Ihr räumliches Denken im Alltag.

 Die Herausforderung finden Sie auf Seite 179.

KAPITEL 12

LOGIK-STAU

DAS LOGISCHE DENKEN

Logik-Stau

Ein wichtiger Teil des logischen Denkens ist die Fähigkeit, Probleme methodisch anzugehen und Schlussfolgerungen zu ziehen. Das Gehirn ist dafür aber eigentlich nicht geeignet, sodass sich viele Menschen auf ihre Intention verlassen. Beim Logiktest ist der Schlüssel meist, auf den genauen Wortlaut der Frage zu achten.

FRAGEBOGEN

Können Sie logische Trugschlüsse aufdecken und Codes entschlüsseln oder müssen Sie bei logischen Rätseln endlos grübeln? Mit diesen Fragen stellen Sie schnell fest, wie logisch Sie denken.

1 Sie möchten einen neuen Fernseher kaufen. Vergleichen Sie Testergebnisse und Preise oder gehen Sie einfach los und kaufen ein Gerät, das Ihnen gefällt?

Vergleichen/gefallen
[1 Punkt für »vergleichen«]

2 Welcher Satz beschreibt Ihre Haltung zu Kryptogrammen besser: »Wenn ich verstehe, wie es geht, probiere ich es« oder »Ich lasse lieber die Finger davon«?

Probieren/Finger weg
[1 Punkt für »probieren«]

3 Die Mitglieder einer Geheimgesellschaft bitten Sie, entweder ein neues Geheimzeichensystem zu entwickeln oder ein neues Logo. Was ziehen Sie vor?

Geheimzeichen/Logo
[1 Punkt für »Geheimzeichen«]

4 Ihr Hund ist im Park weggelaufen. Gehen Sie eher kopflos umher und rufen ihn oder stellen Sie einen systematischen Suchplan auf?

Kopflos/methodisch
[1 Punkt für »methodisch«]

5 Ihr Chef hat sein Passwort vergessen und Sie sollen seinen E-Mail-Zugang knacken. Würden Sie es versuchen oder ihn an die EDV-Abteilung verweisen?

Versuchen/verweisen
[1 Punkt für »versuchen«]

6 Bei einem Abendessen fällt Ihnen ein Gast durch seine unmöglichen Meinungen und haltlosen Argumente unangenehm auf. Reagieren Sie eher emotional und gereizt oder bleiben Sie ruhig und demontieren das Gesagte kühl?

Emotional/kühl
[1 Punkt für kühl]

Wie haben Sie abgeschnitten?

0–2: Sie denken eher mit dem Herzen als mit dem Kopf. Aber keine Sorge, die meisten Methoden für logisches Denken lassen sich leicht erlernen und es braucht nur ein wenig Übung. Lernen Sie aus Ihren Fehlern.

3–4: Sie bemühen sich, Probleme logisch anzugehen, stolpern aber manchmal in die Falle des irrationalen Denkens. Ihr Bauchgefühl kann durchaus trügen!
5–6: Sie machen in Sachen Logik Mr. Spock Konkurrenz, aber können Sie die Übungen in diesem Kapitel meistern?

1 WELCHES TIER FOLGT?

Die Reihenfolge dieser Tiere folgt einer Regel.

Kreisen Sie das Tier ein, das in der Reihe als nächstes kommt.

Lösung auf Seite 186   Für die korrekte Lösung gibt es 1 Punkt.   Ihre Punktzahl _____

2 MATERIALKUNDE

Welches rechts aufgelistete Material ist die logischste Fortsetzung der Reihe unten?

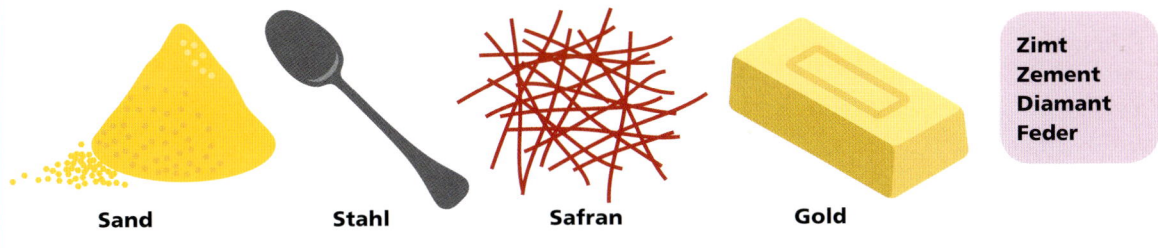

Sand   **Stahl**   **Safran**   **Gold**

**Zimt
Zement
Diamant
Feder**

Lösung _____   Lösung auf Seite 186   Für die korrekte Lösung gibt es 2 Punkte.   Ihre Punktzahl _____

3 DER HEUTIGE TAG

Der Tag vor dem vorgestrigen Tag war drei Tage nach Samstag. Welcher Tag ist dann heute?

Lösung _____

Lösung auf Seite 186   Für die korrekte Lösung gibt es 1 Punkt.   Ihre Punktzahl _____

4 QUER DURCHS ALPHABET

Umkreisen Sie den Buchstaben, der rechts des Buchstabens liegt,
der drei Schritt links des Buchstaben liegt, der (im Alphabet) auf den
Buchstaben folgt, der (hier unten) zwei Schritte links vom T liegt.

R   H   V   Y   S   A   I   T   B   N

Lösung _____   Lösung auf Seite 186   **Für die korrekte Lösung gibt es** 1 Punkt.   **Ihre Punktzahl** _____

5 ANALOG SCHLUSSFOLGERN

Welche der folgenden Zahlen vervollständigt am besten die Analogie: **9** steht zu **6** wie **12** zu …?

A 6

B 10

C −12

D 8

E 4

Lösung _____   Lösung auf Seite 186   **Für die korrekte Lösung gibt es** 1 Punkt.   **Ihre Punktzahl** _____

6 FRIEDENSBRINGER

618954514 steht zu **Frieden** wie **1252514** zu:

A Fülle

B Liebe

C Leben

D Abakus

Lösung _____

Lösung auf Seite 186   **Für die korrekte Lösung gibt es**
1 Punkt.   **Ihre Punktzahl** _____

7 KAFFEEPAUSE

Kaffee steht zu **5566111** wie **Apfel** zu:

A 193572

B 1256161

C 216169

D 1937722

Lösung _____

Lösung auf Seite 186   **Für die korrekte Lösung gibt es**
1 Punkt.   **Ihre Punktzahl** _____

8 RECHT UND GESETZ

Bringen Sie die Wörter unten in eine logische Reihenfolge.

Festnahme

Bewährung

Gefängnis

Verbrechen

Gericht

Dieb

Lösung _____

_____

Lösung auf Seite 186 Für die korrekte Lösung gibt es
1 Punkt. **Ihre Punktzahl** ____

9 TIERWELT

Bringen Sie die Wörter unten in eine logische Reihenfolge.

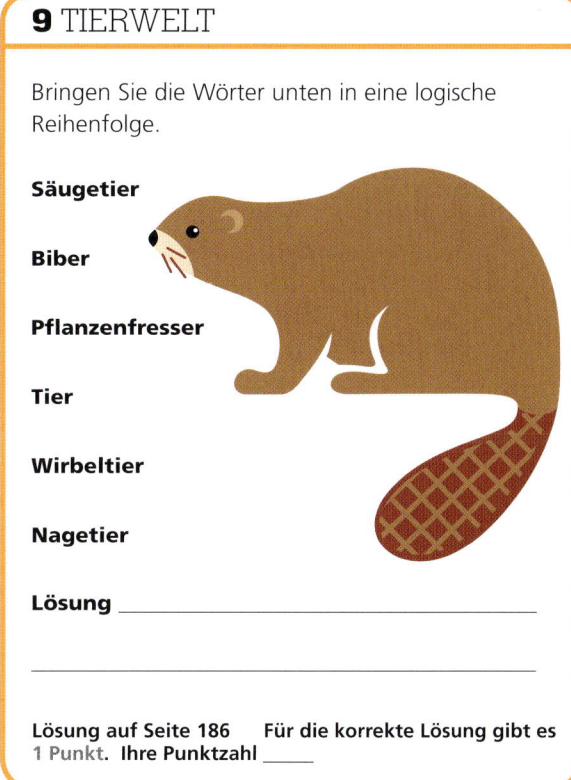

Säugetier

Biber

Pflanzenfresser

Tier

Wirbeltier

Nagetier

Lösung _____

_____

Lösung auf Seite 186 Für die korrekte Lösung gibt es
1 Punkt. **Ihre Punktzahl** _____

10 LUFT UND MEER

Bringen Sie die Wörter unten in eine logische Reihenfolge.

Dingi

Drachen

U-Boot

Jet

Luftschiff

Tragflächenboot

Lösung _____

Lösung auf Seite 186 Für die korrekte Lösung gibt es 1 Punkt. **Ihre Punktzahl** _____

11 MUSIKER-GEWERKSCHAFT

Die Mengendiagramme rechts stehen für ein Orchester. Kreis S umfasst die Musiker mit Saiteninstrumenten, Kreis G enthält die Musiker, die in der Gewerkschaft sind. Der Leiter der Gewerkschaft spielt Tuba. In welchem Diagramm ist er im dunklen Bereich enthalten?

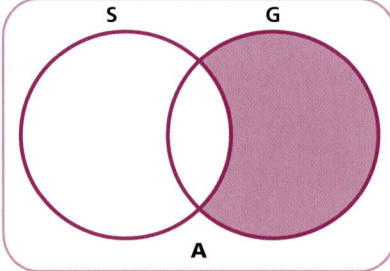

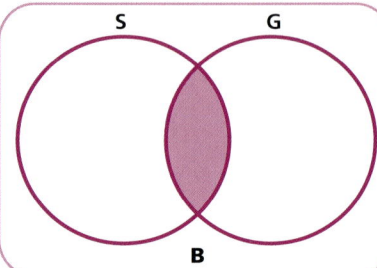

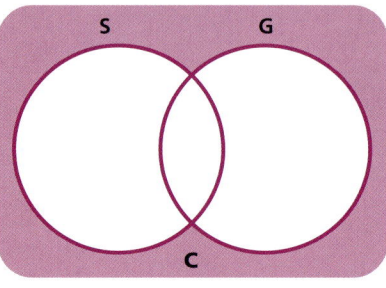

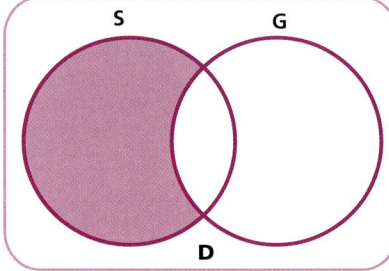

Lösung _____   Lösung auf Seite 186   **Für die korrekte Lösung gibt es** 1 Punkt. **Ihre Punktzahl** _____

12 SPORTKLUB

Alle Kinder im Sportklub üben mindestens eine dieser drei Sportarten aus: Fußball, Tennis oder Volleyball. Färben Sie die Bereiche im Diagramm dunkel, die Kinder zeigen, die entweder nur eine oder alle drei Sportarten ausüben.

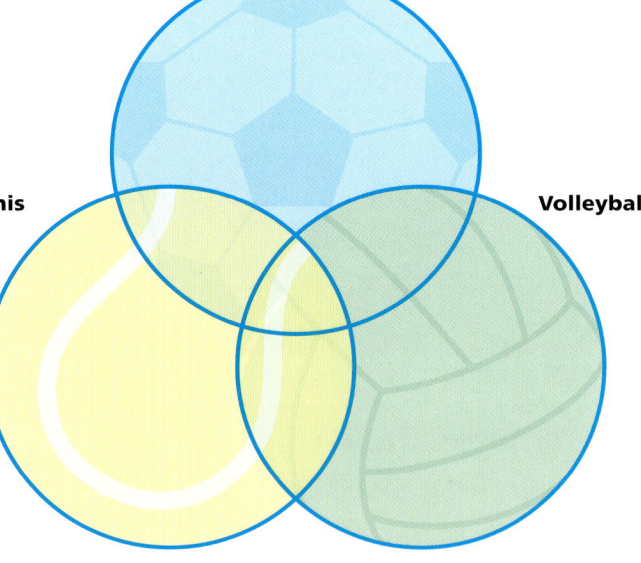

Lösung auf Seite 186   **Für die korrekte Lösung gibt es** 2 Punkte. **Ihre Punktzahl** _____

13 JOB-ANWÄRTER

20 Personen haben sich um eine Arbeitsstelle beworben. 15 Bewerber sind Frauen und acht Bewerber sind in der Auswahl. Alle Bewerber sind entweder Frauen oder in der Auswahl. Wie viele Frauen sind in der Auswahl? Bei der Beantwortung der Frage kann ein Mengendiagramm helfen.

Lösung _____

Lösung auf Seite 186   Für die korrekte Lösung gibt es 2 Punkte. Ihre Punktzahl ____

14 BESCHÄDIGTE WARE

Bei einer Versteigerung ergattern Sie ein Paket mit 20 Schallplatten. Es handelt sich um eine Mischung aus Alben und Singles. Sechs Scheiben sind zerkratzt. Acht der Schallplatten sind Alben. Wenn acht der Singles nicht zerkratzt sind, wie viele der Alben haben Kratzer? Bei der Beantwortung der Frage kann ein Mengendiagramm helfen.

Lösung _____

Lösung auf Seite 186   Für die korrekte Lösung gibt es 2 Punkte. Ihre Punktzahl ____

15 PIRATENSCHIFF

32 Personen wurden auf einem Piratenschiff gefangen:

5 Piraten wurden mit Augenklappe, Holzbein und einem Papagei auf der Schulter gefangen genommen.

3 Piraten wurden mit Augenklappe und Holzbein gefangen genommen, hatten aber keinen Papagei auf der Schulter.

9 Piraten wurden mit einer Augenklappe gefangen genommen, hatten aber weder ein Holzbein noch einen Papagei auf der Schulter.

11 Piraten wurden mit Augenklappe gefangen genommen und trugen einen Papagei auf der Schulter.

16 Piraten wurde mit Augenklappe gefangen genommen.

9 Piraten mit Holzbein hatten einen Papagei auf der Schulter.

13 Piraten hatten ein Holzbein.

Wie viele Piraten hatten einen Papagei auf der Schulter?
Zur Beantwortung der Frage kann es helfen, ein Mengendiagramm zu zeichnen.

Lösung _____   **Lösung auf Seite 186   Für die korrekte Lösung gibt es 3 Punkte. Ihre Punktzahl _____**

16 WAHR ODER FALSCH? I

Entweder hat Susi einen Führerschein oder Susi darf nicht fahren. Susi hat keinen Führerschein, also darf sie nicht fahren.

Wahr oder falsch?

Lösung _____

Lösung auf Seite 186   Für die korrekte Lösung gibt es 1 Punkt.   Ihre Punktzahl _____

17 WAHR ODER FALSCH? II

Wenn ich kleiner bin als Bill, dann ist Bill groß. Bill ist groß. Also bin ich kleiner als Bill.

Wahr oder falsch?

Lösung _____

Lösung auf Seite 186   Für die korrekte Lösung gibt es 1 Punkt.   Ihre Punktzahl _____

18 WAHR ODER FALSCH? III

Beim Schulkonzert spielen einige der Schüler im Orchester. Die Schüler, die im Orchester spielen, sind musisch begabt. Einige der Schüler werden später aufs Konservatorium gehen. Schüler, die einen Konservatoriumsplatz ergattern können, sind musisch begabt. Ausgehend von diesen Aussagen, werden Schüler, die im Orchester spielen, später auf dem Konservatorium studieren.

Wahr oder falsch?

Lösung _____

Lösung auf Seite 186   Für die korrekte Lösung gibt es 1 Punkt.   Ihre Punktzahl _____

19 WAS KOMMT JETZT?

GLANZ   NUTZEN   ERNTE   TERRORIST   SICHER

Welches der folgenden Wörter kommt als nächstes?

STRAHL

ERFAHREN

MEDIZIN

ABSCHLUSSLÖSUNG

Lösung _____   Lösung auf Seite 186   Für die korrekte Lösung gibt es 1 Punkt.   Ihre Punktzahl _____

20 BUCHSTABEN-LOGIK I

Umkreisen Sie die Buchstabenreihe, die nicht dazugehört.

BCDFGH

STUWXY

EFGIJK

DEFIJK

MNOQRS

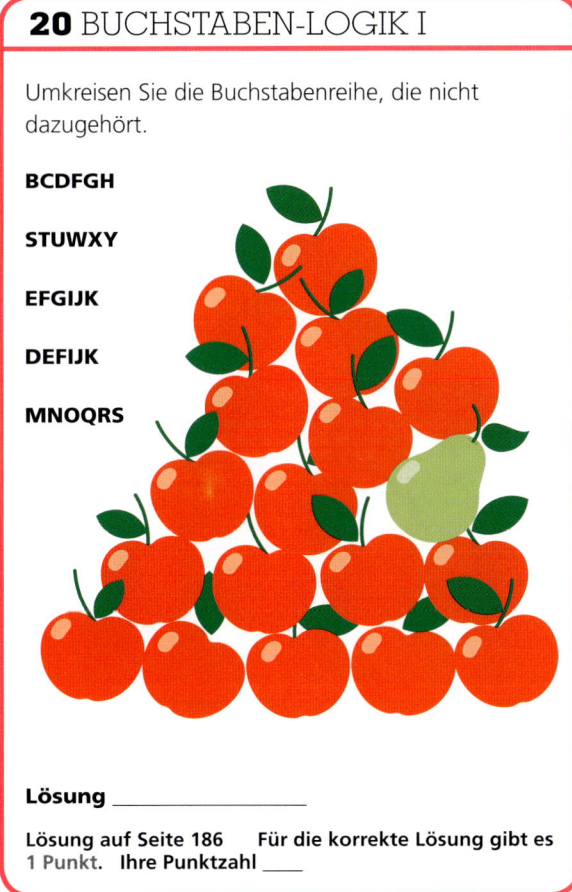

Lösung _____

Lösung auf Seite 186   Für die korrekte Lösung gibt es 1 Punkt. Ihre Punktzahl ____

21 BUCHSTABEN-LOGIK II

Umkreisen Sie die Buchstabenreihe, die nicht dazugehört.

QRTZP

FGHKL

QDVHO

YVBNM

ASDJL

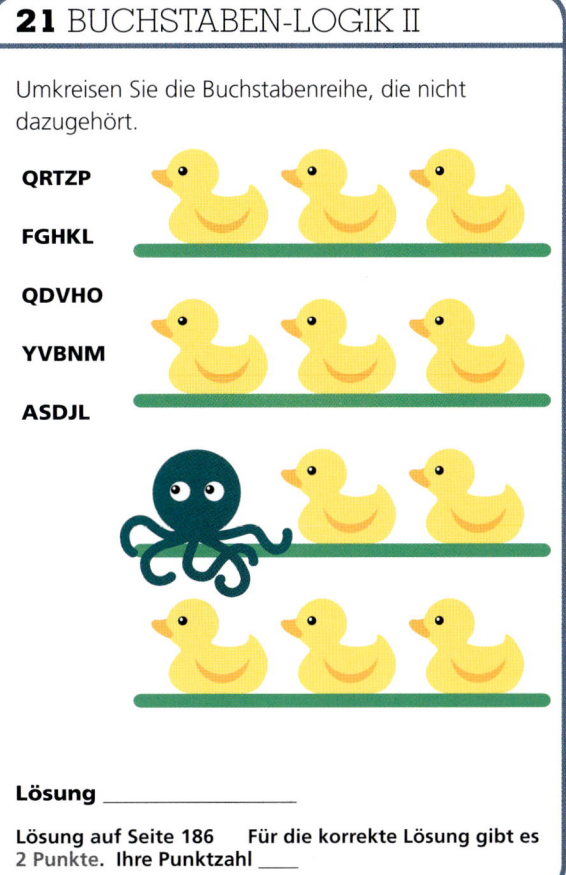

Lösung _____

Lösung auf Seite 186   Für die korrekte Lösung gibt es 2 Punkte. Ihre Punktzahl ____

22 SIEGER-CHAOS

Ihre Freunde Tanja und Bernd kommen von einem Sportfest zurück und erzählen Ihnen, wer die Medaillen im 800-Meter-Rennen gewonnen hat. Aber: Sie scheinen sich nicht einig zu sein. Tanja sagt, Owembe habe Gold und Beaker Silber gewonnen. Bernd ist sich sicher, dass Armitage Gold und Owembe Silber gewonnen hat. Es stellt sich heraus, dass tatsächlich Owembe, Beaker und Armitage die drei ersten Plätze belegten, aber weder Tanja noch Bernd völlig recht hatten – beide lagen bei einem Medaillengewinner falsch. Wer hat nun welche Medaille gewonnen?

Gold _____

Silber _____

Bronze _____

Lösung auf Seite 186   Für die korrekte Lösung gibt es 2 Punkte.   Ihre Punktzahl _____

23 WELCHE KARTE?

Schauen Sie sich die vier Karten unten an. Sie dürfen nur zwei Karten umdrehen. Welche sollten Sie wenden, um herauszufinden, ob die folgende Hypothese stimmt: »Von den gezeigten Karten trägt jede mit einem Vokal eine gerade Zahl auf der Rückseite.«

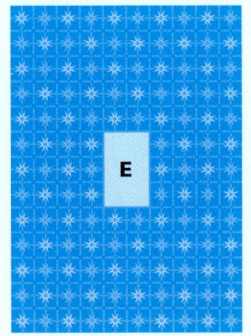

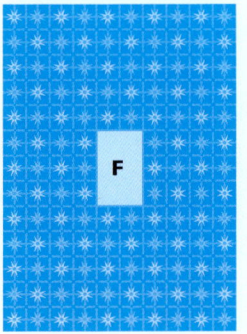

Lösung _____

Lösung auf Seite 186   Für die korrekte Lösung gibt es 2 Punkte.   Ihre Punktzahl _____

24 SOCKENWAHL

Sie haben 20 Paar Socken. Zehn Paare sind violett und zehn Paare rot. In Ihrer Schublade liegen die 40 Socken aber nicht paarweise zusammen, sondern lose. Wie viele Socken müssen Sie mit geschlossenen Augen aus der Schublade ziehen, um mindestens ein passendes Paar zu erhalten?

Lösung _____

Lösung auf Seite 186   Für die korrekte Lösung gibt es 1 Punkt. Ihre Punktzahl ____

25 GESCHENKPANNE

Sie haben für Ihre Großmutter, Ihren Onkel und Ihre Nichte je eine Schachtel Pralinen gekauft: eine mit Krokantfüllung für Ihre Nichte, die keinen Alkohol mag, eine mit Likörfüllung für Ihre Großmutter, die kein Krokant mag, und eine gemischte für Ihren Onkel, der beides mag. In der Confiserie hat man aber alle drei Schachteln falsch gekennzeichnet. Sie möchten die Verpackung nicht mehr als nötig beschädigen, aber auch nicht die falschen Pralinen verschenken. Welche Schachtel oder Schachteln sollten Sie öffnen, um die Pralinen zu probieren, damit jeder das richtige Geschenk bekommt.

Lösung _____

Lösung auf Seite 187   Für die korrekte Lösung gibt es 2 Punkte. Ihre Punktzahl ____

26 BUCHSTABENTAUSCH

Zum Verschlüsseln werden oft Buchstaben vertauscht (siehe auch Caesar-Chiffre, unten).
Man kann so aber auch Worträtsel erstellen. Bei den Wortpaaren unten entsteht jeweils
ein anderes Wort, wenn man den ersten, zweiten oder dritten Buchstaben durch einen
anderen ersetzt. Finden Sie heraus, welcher Buchstabe dies bei jedem der Wortpaare ist
und welche berühmte Person darin versteckt ist.

TAL	_____	**WESEN**
BUDE	_____	**HUND**
TASTEN	_____	**KOSTEN**
KAMM	_____	**LACHS**
BEIL	_____	**GELD**
BANDE	_____	**ROST**

Lösungen auf Seite 187 **Für jede korrekte Lösung gibt es 1 Punkt.** **Ihre Punktzahl** _____

27 CAESAR-CHIFFRE

Die Entschlüsselung von Codes ist eine ganz besondere logische Begabung. Eine der einfachsten Kodierun-
gen ist der Austausch von Buchstaben gegen andere Buchstaben. Eine solche Verschlüsselung, die angeb-
lich schon Julius Caesar genutzt hat, besteht drin, einen oder mehrere Buchstaben im Alphabet nach rechts
zu rücken. Dabei wird A zu B, B zu C usw. Dechiffrieren Sie diese Codes mit der (in Schritten) angegebenen
Verschiebung und schreiben Sie jeweils die Bedeutung auf.

	Schritte	Chiffre-Text	Klartext
A	1	**SPFNFS**	_____
B	2	**HNWGUGTP**	_____
C	2	**IGJGKOK**	_____
D	3	**ERWVFKDIWHQ**	_____

Lösungen auf Seite 187
Für jede Entschlüsselung gibt es 1 Punkt. **Ihre Punktzahl** _____

28 GEHEIMBOTSCHAFT

Können Sie die Nachricht mit der Caesar-Chiffre in drei Schritten verschlüsseln?

DRINGEND KONTAKT HEUTE NACHT TREFFEN

Lösung _____

Lösung auf Seite 187 Für die korrekte Lösung gibt es 2 Punkte. Ihre Punktzahl _____

29 SCHWARZ UND WEISS

Unten verbergen sich fünf Tiernamen, die mit der Caesar-Chiffre verschlüsselt wurden. Können Sie herausfinden, um wie viele Schritte das Alphabet verschoben wurde und welche Tiere es sind?

RCPFC _____

BGDTC _____

COUGN _____

FCEJU _____

RKPIWKP _____

Schritte _____

Lösungen auf Seite 187
Für jedes erkannte Tier gibt es 1 Punkt, für die Verschiebung ebenfalls 1 Punkt. Ihre Punktzahl _____

30 WO IST DAS »E«?

Der Text wurde mit der Caesar-Chiffre verschlüsselt. Können Sie die Botschaft mithilfe der Buchstabenhäufigkeit (siehe Tipp) entschlüsseln?

JNSNLJ JQYJWS JWMNJQYJS JNS JNQNLJX JNSXHMWJNGJS.

Lösung _____

Lösung auf Seite 187 Für die korrekte Lösung gibt es 2 Punkte. Ihre Punktzahl _____

TIPP

Beim Entschlüsseln eines Codes kann man nach verschiedenen Dingen suchen. In den meisten Sprachen gibt es beispielsweise Buchstaben, die sehr oft vorkommen. Im Deutschen ist das »E« mit 17,4 % der häufigste Buchstabe. Am zweithäufigsten kommt im Deutschen das »N« vor mit einem Wert von 9,78 %. Man nennt die Dechiffrierung nach Häufigkeit auch »Häufigkeitsanalyse«.

31 MORSE-CODE

Das Morse-Alphabet wurde erfunden, um Buchstaben oder Zahlen als Tonsignal, Funksignal oder elektrischen Impuls übermitteln zu können. Können Sie die Wörter mithilfe des Morse-Alphabets rechts in Code übersetzen?

A	B	C	D	E	F	G
.-	-...	-.-.	-..	.	..-.	--.

H	I	J	K	L	M	N
....	..	.---	-.-	.-..	--	-.

O	P	Q	R	S	T	U
---	.--.	--.-	.-.	...	-	..-

V	W	X	Y	Z
...-	.--	-..-	-.--	--..

A HAND _____

B ZUG _____

C SPEER _____

D RINDER _____

Lösungen auf Seite 187 4/4: 1 Punkt Ihre Punktzahl _____

32 NOTRUF

Sie sind gerade auf einem Schiff am Funk, mitten auf dem Pazifik, als Sie folgende Nachricht auffangen. Können Sie sie mit der Tabelle aus Übung 31 entschlüsseln? (Schrägstriche trennen die Wörter.)

... --- ... / .- ..- ..-. / -.- --- .-. .- .-.. -.. . -. .-. .. ..-. ..- / --. . ... - .-. . -. -.. . -

Lösung _____

Lösung auf Seite 187 Für die korrekte Lösung gibt es 2 Punkte. Ihre Punktzahl _____

33 ÜBER DEN FLUSS

Sie sollen einen Fuchs, ein Huhn und einen Beutel voll Korn über den Fluss rudern. Auf jedem Weg können Sie nur eines der Dinge mitnehmen. Das Problem ist, dass Sie den Fuchs nicht mit dem Huhn und das Huhn nicht mit dem Korn allein lassen können, sonst wird eines gefressen. Wie bekommen Sie alles über den Fluss?

Lösung _____

_____

_____

Lösung auf Seite 187
Für die korrekte Lösung gibt es 3 Punkte.
Ihre Punktzahl ____

34 IN DER WÜSTE

Ihre Aufgabe: Sie sollen eine Botschaft von Lager B nach Lager G überbringen. Dazu müssen Sie sechs Tage durch die heiße Wüste reisen. Sie haben drei Kamele und zwei Legionäre, die Ihnen helfen. Jedes der Kamele kann aber nur vier Tagesvorräte Wasser für sich und seinen Reiter tragen. Wie kommen Sie zu Lager G, ohne dass jemand in der Wüste zurückbleibt?

Lösung _____

_____

_____

Lösung auf Seite 187
Für die korrekte Lösung gibt es 3 Punkte.
Ihre Punktzahl _____

Ihre Punktzahl **/70**

 60–70 GOLD

Sie können Probleme logisch angehen, konzentrieren sich auf die Fragestellung und durchdenken Ihre Antworten gründlich. In der Herausforderung erfahren Sie, wie Sie Logik in Ihren Alltag einbauen.

 30–59 SILBER

Bis zu einem gewissen Punkt beherrschen Sie die Logik, aber bei manchen Übungen tappen Sie in die Falle. Die Herausforderung verrät Ihnen, wie Sie Ihr logisches Denken trainieren können.

 0–29 BRONZE

Sie sollten logisches Denken üben. Vielleicht haben Sie sich nicht genug Zeit genommen, um Ihre Antworten zu durchdenken. Oder die Übungen haben Sie verwirrt. Arbeiten Sie das Kapitel noch einmal durch.

 Die Herausforderung finden Sie auf Seite 179.

Geniale Einfälle

Es fällt schwer zu definieren, was Kreativität ist und wie sie funktioniert. Dennoch hat die Forschung Wege gefunden, wie wir unsere Kreativität stimulieren und trainieren können. Dieses Kapitel enthält einige Übungen, mit denen Sie Ihre kreativen Fähigkeiten hervorlocken und vielleicht sogar weiter ausbauen können.

FRAGEBOGEN

Steckt Ihr Geist voller Visionen und quillt über vor kreativen Ideen oder handeln Ihre Tagträume von Kalkulationstabellen? Finden Sie mit den folgenden Fragen heraus, wie kreativ Sie sind.

1 Sie passen auf Ihren Neffen auf und er möchte eine Geschichte hören. Erfinden Sie schnell eine Geschichte oder stellen Sie den Fernseher an?

Erfinden/Fernseher
[1 Punkt für »erfinden«]

2 Sie sehen sich Ihre alten Schulhefte an. Staunen Sie mehr über die fantasievollen Verzierungen oder amüsieren Sie sich über die schlechte Grammatik?

Staunen/amüsieren
[1 Punkt für »staunen«]

3 Ein Brief ist hinter die Heizung gerutscht. Holen Sie ihn mit der Hand hervor oder bauen Sie eine Art Angel aus den Utensilien auf Ihrem Schreibtisch?

Hand/Angel
[1 Punkt für »Angel«]

4 Sie haben ein neues Programm auf Ihrem Computer installiert. Testen Sie es gleich aus oder warten Sie erst auf das Tutorial?

Austesten/Tutorial
[1 Punkt für »austesten«]

5 Sie wollen als Außerirdischer auf eine Kostümparty gehen. Stellen Sie sich Ihr Kostüm vor. Wie viele Augen hat es?

Ungerade Zahl/gerade Zahl
[1 Punkt für »ungerade Zahl«]

6 Welche der beiden Aussagen beschreibt Ihre Haltung zum Kritzeln: »Es ist Zeitverschwendung« oder »Ich hatte dabei schon viele tolle Ideen«?

Zeitverschwendung/tolle Ideen
[1 Punkt für »tolle Ideen«]

Wie haben Sie abgeschnitten?

0–2: Sie sind eher der geradlinige, rationale Typ. Das heißt nicht, dass Sie nicht kreativ sind; doch es ist für Sie eher ungewohnt, Ihre Kreativität zu entfalten. Die Übungen in diesem Kapitel können Ihnen dabei helfen.

3–4: Sie sind eigentlich kreativ, wissen aber wahrscheinlich nicht, wie Sie Ihre Kreativität stimulieren können. Die folgenden Übungen zeigen es Ihnen.

5–6: Sie haben eine reiche Fantasie. Testen Sie, wie kreativ Sie in diesem Kapitel werden können.

1 EIN WORT FÜR ALLE

Die Fähigkeit, dasselbe Wort in verschiedenen Zusammenhängen zu nutzen oder auf mehreren Bedeutungsebenen einsetzen zu können, ist ein Zeichen für Kreativität, speziell für sprachliche Kreativität. Dies nutzt der RAT (Remote Associates Test), mit dem Psychologen die Kreativität messen. Finden Sie zu jedem Worttrio ein Wort, das zu allen passt und sie in ein bekanntes Wort verwandelt. Beispiel: Bei den Wörtern »Schlaf«, »Gang« und »Leben« heißt die Lösung »Wandel«.

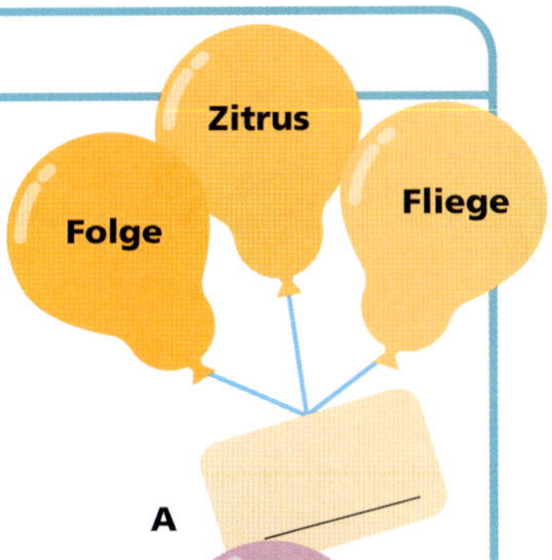

Zitrus

Folge

Fliege

A

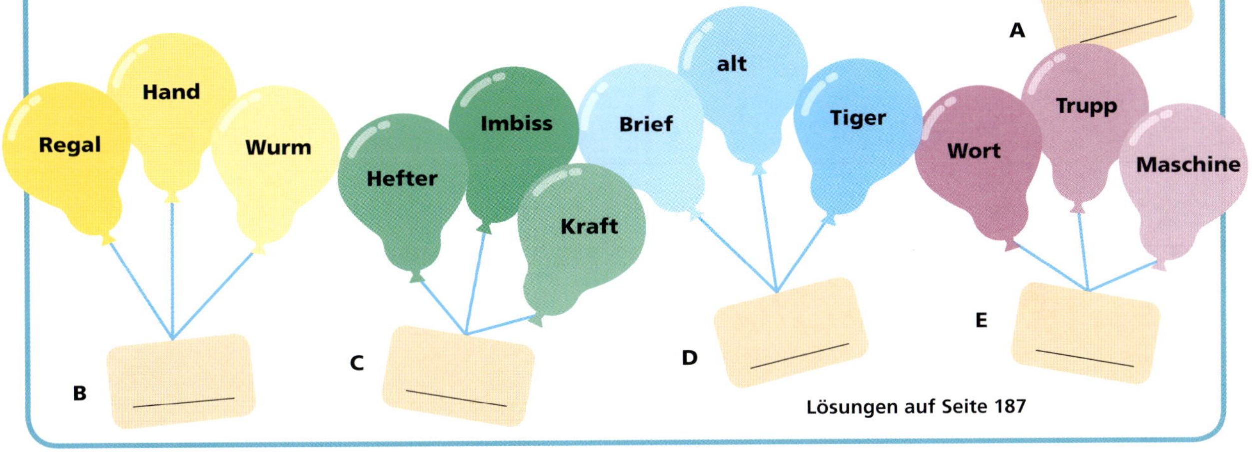

alt

Hand

Imbiss

Brief

Tiger

Trupp

Regal

Wurm

Hefter

Wort

Maschine

Kraft

E

C

D

B

Lösungen auf Seite 187

2 KREATIVE KATEGORIEN

Kreativität wird manchmal als die Fähigkeit beschrieben, neue, ungewöhnliche und unvorhersehbare Verbindungen herzustellen. Versuchen Sie diesen Aspekt Ihrer Kreativität zu fördern, indem Sie die abgebildeten Gegenstände neu gruppieren und sie auf ungewöhnliche Weise miteinander in Verbindung bringen. Wie viele Verbindungen können Sie innerhalb von 5 Minuten ersinnen? Überlegen Sie sich möglichst kreative Kategorien.

3 GEGENTEILE FINDEN

Eine weitere beliebte Übung, die uns zu ungewohnten Denkweisen anregt, ist das Bilden von Gegensätzen. Sie ist vielfältig einsetzbar – für Marketingstrategien bis hin zu technischen Zielen. Regen Sie Ihre grauen Zellen an und denken Sie sich Gegensätze für die folgenden Konzepte aus. Es gibt kein Richtig oder Falsch bei dieser Übung. Aber verwechseln Sie nicht Abwesenheit mit Gegensatz. Der Gegensatz zu Gravitation ist nicht Schwerelosigkeit.

Omelett _____

Entwurf _____

Tagebuch _____

Wein _____

Adler _____

4 UMGEDREHT

Das gewohnte Denken auf den Kopf zu stellen, ist eng mit der Suche nach Gegensätzen verwandt. Es zwingt uns, in neuen Begrifflichkeiten zu denken. Lesen Sie sich die Szenarien durch und antworten Sie auf einem separaten Blatt.

Sie erben Geld von einem Verwandten. Nennen Sie fünf Gründe, warum das eine schlechte Nachricht sein könnte.

Sie sind in einem Restaurant. Der Hauptgang ist köstlich und hat die perfekte Temperatur. Nennen Sie fünf Gründe, warum Sie Ihn zurückschicken würden.

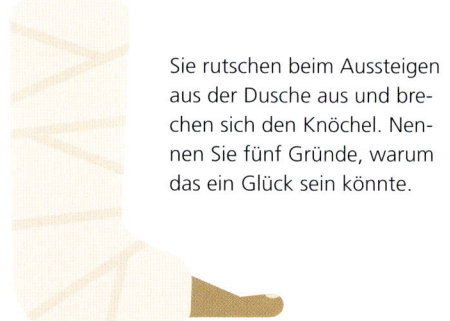

Sie rutschen beim Aussteigen aus der Dusche aus und brechen sich den Knöchel. Nennen Sie fünf Gründe, warum das ein Glück sein könnte.

Sie müssen dringend waschen. Nennen Sie fünf Gründe, warum das eine gute Nachricht ist?

5 ALTERNATIVER GEBRAUCH

Wenn Forscher Faktoren untersuchen, die die Kreativität beeinflussen, nutzen sie häufig den Alternative-Uses-Test. Dabei müssen in begrenzter Zeit möglichst viele alternative Gebrauchsmöglichkeiten für einen Alltagsgegenstand gefunden werden. Seien Sie so originell wie möglich. Sie haben jeweils 2 Minuten Zeit. Wie viele Alternativen können Sie für jeden Gegenstand auf einem separaten Blatt aufschreiben?

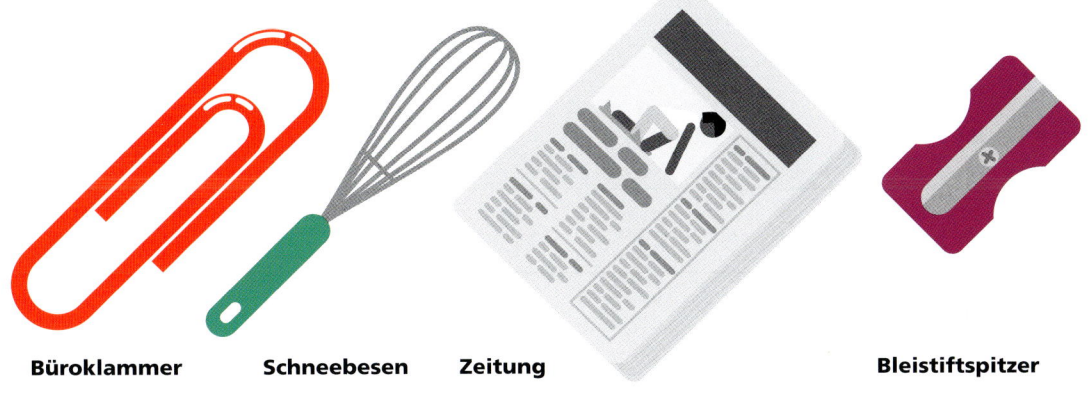

Büroklammer   **Schneebesen**   **Zeitung**   **Bleistiftspitzer**

6 WILDES GEKRITZEL

Vor sich hin zu kritzeln ist eine gute Methode, im Alltag kreativ zu sein. Es geht nicht um die Qualität Ihrer Zeichnung, sondern darum, wie fantasievoll Ihr Entwurf ist. Entwerfen Sie etwas rechts auf dem Gitternetz, dabei gibt es zwei Regeln: Sie dürfen nur horizontale und vertikale Linien zeichnen (Diagonalen sind nicht erlaubt) und Ihr Bild muss alle eingefärbten Punkte einbeziehen.

7 FANTASTISCHE REISE

Regen Sie Ihre Fantasie noch etwas an. Ein verrückter Erfinder hat Ihnen den Anfangsent-
wurf eines revolutionären Gefährts geschickt. Vervollständigen Sie das Bild und entwerfen
Sie ein möglichst seltsames und originelles Vehikel.

8 TIEF IM MEER

Stellen Sie sich eine Kreatur vor, die in den trüben Tiefen der Ozeane lebt, und zeichnen
Sie sie auf. Lesen Sie den Text darunter erst, wenn Sie fertig sind.

Wie viele Augen, Arme, Tentakel
oder Ähnliches haben Sie dem
Tier gegeben? Ist es symmetrisch?
Neueste Forschungen deuten an,
dass solche gezeichneten Kreaturen
weniger symmetrisch und weniger
an uns bekannte Regeln gebunden
sind, wenn unsere Kreativität frei
fließt.

9 GEFÄNGNISAUSBRUCH

Sie sind in einem hohen Turm gefangen und ganz allein. Nur die unten gezeigten Gegenstände stehen Ihnen zur Verfügung. Versuchen Sie auf einem separaten Blatt einen genialen Ausbruchsplan zu ersinnen, bei dem all diese Gegenstände zum Einsatz kommen – je verrückter, desto besser.

Eiswürfel

Seil

Kau-gummi

Hut

Klavier-taste

Vogelfutter

Armbrust

Kreide

Kamm

Spiegel

10 BLITZMÄRCHEN

Manchmal führt Druck zu guten Ergebnissen. In dieser Übung können Sie es selbst ausprobieren. Unten sehen Sie die typischen Elemente von Märchen. Sie haben 10 Minuten, drei verschiedene Märchen zu schreiben, die jeweils alle gezeigten Elemente enthalten.

Prinzessin

Frosch

Apfel

Baum

Spinnrad

Fuchs

Ungeheuer

Spiegel

Bohnen-pflanze

11 RISIKO

Können Sie ausgehend von den unten zu lesenden Schlusssätzen in bis zu fünf Sätzen witzige Geschichten erfinden, die zu diesem Ende führen? Nutzen Sie dazu ein separates Blatt Papier.

… und deshalb sollte man sich nie von einem Affen die Haare schneiden lassen!

… da sagt der Seemann zum König: »Es tut mir leid, Majestät, wir akzeptieren keine Kreditkarten.«

… und der letzte, der seine Schuhe zurückbekam, war der Botschafter.

… und auf dem Schild stand: »Sie müssen nicht hier arbeiten, um verrückt zu sein, aber es hilft.«

> **TIPP**
>
> Forschungsergebnisse weisen darauf hin, dass innere Distanz zur Lösung eines Problems beitragen kann, da sie das kreative Denken anregt. Wenn Sie beispielsweise Schwierigkeiten mit jemandem bei der Arbeit haben, überlegen Sie, wie jemand ganz anderer oder ein Kollege aus einem anderen Bereich die Situation angehen würde. Eine zeitliche oder räumliche Distanz zwischen Ihnen und dem Problem kann einen kreativen Ansatz fördern.

12 GESCHICHTEN GESUCHT

Schriftsteller, die an einem Punkt nicht weiterkommen, absolvieren manchmal kleine Übungen im kreativen Schreiben. Hier ein Beispiel: Ihnen wird der Anfang und das Ende einer Geschichte vorgelegt. Können Sie eine interessante Erzählung dazwischen erfinden? Sie können so viel schreiben, wie Sie möchten, mindestens sollten es 100 Wörter sein.

Die Nacht war dunkel und schwül. Da knallte es und ein Wagen glitt leise aus dem Lagerhaus, fiel über den Rand des Kais und stürzte in die öligen Fluten des Hudson River …

… James legte seine Füße auf den Tisch und nahm einen großen Schluck. Es war sein bisher härtester Fall gewesen, aber er war überzeugt, dass bis auf die zerstörten Fotos, den verschwundenen Zeugen und die gestohlene Pistole alles recht gut gelaufen war.

13 HOLLYWOOD-HOKUSPOKUS

Überlegen Sie sich auf einem separaten Blatt Papier Filmtitel und einzeilige Zusammenfassungen für diese Filmposter:

Wie haben Sie abgeschnitten?

Für dieses Kapitel gibt es keine Wertung. Beurteilen Sie sich selbst.

ICH WAR BEFLÜGELT

Sie fanden die Aufgaben in diesem Kapitel anregend und spannend? Dann versuchen Sie, Ihre Fähigkeiten auf allen Gebieten der Intelligenz einzusetzen. Nutzen Sie sie auch, um Ihre allgemeinen kognitiven Fähigkeiten zu verbessern. Visualisierung ist beispielsweise tolles Gedächtnistraining.

ICH WAR GANZ GUT

Fanden Sie einige der Übungen anregender als andere? Schauen Sie einmal nach, was diese Übungen gemeinsam haben. Vielleicht können Sie die dort verwendeten Strategien auch in anderen Situationen kreativ nutzen.

ICH HATTE PROBLEME

Wenn diese Übungen für Sie schwierig und zeitaufwändig waren, versuchen Sie sie einmal in einer anderen Umgebung zu lösen. Nutzen Sie auch die Herausforderung, um in kreative Stimmung zu kommen

 Die Herausforderung finden Sie auf Seite 179.

Herausforderungen

Wie sind Sie mit den Übungen im Buch zurechtgekommen? Wenn Sie in einem Kapitel schlecht abgeschnitten haben oder es Ihnen schwerfiel, probieren Sie einmal die folgenden Aufgaben. Und auch wenn Sie gut abgeschnitten haben, können Sie mit ihnen Ihre Leistung verbessern.

KAPITEL 1

RÜCKSCHAU

Das sofortige Wiederholen neuer Informationen ist eine gute Übung fürs Gedächtnis. Bauen Sie sie daher in Ihren Alltag ein. Üben Sie täglich mit Telefonnummern, Nummernschildern, Einkaufslisten, Namen und ähnlichen Dingen, die Sie aus dem Kurzzeitgedächtnis ins Mittelfristgedächtnis verschieben möchten, damit sie nicht so schnell verblassen.

KAPITEL 2

DIE ZWEITE HÄLFTE

Setzen Sie sich das Ziel, die Namen sämtlicher Partner Ihrer unmittelbaren Arbeitskollegen sowie der Mitglieder Ihrer Laufgruppe, Ihres Chors oder einer anderen Gruppe aus Ihrem Umfeld zu lernen. Schreiben Sie zunächst eine Liste und prägen Sie sich die Namen mithilfe einer Mnemotechnik ein, die die Ihnen bekannten Personen mit den Namen der jeweiligen Partner verknüpft. Überprüfen Sie nach einer Woche, einem Monat und nach drei Monaten, ob Sie die Namen nun besser behalten.

KAPITEL 3

HAUSTÜR-ROUTINE

Gewöhnen Sie sich eine Routine an, die Sie jedes Mal durchlaufen, wenn Sie Ihre Wohnung verlassen. Klopfen Sie Ihre Taschen ab oder kontrollieren Sie Ihre Tasche, ob der Schlüssel darin ist. Schlüssel? Ja! Geldbörse? Ja! Personalausweis? Ja! Und so weiter …

KAPITEL 4

KONTENSCHAU

Ein tolles Training für das Mittelfristgedächtnis ist die Überprüfung aller Zahlungen per Bankkarte der letzten Tage oder auch Wochen auf dem Kontoauszug. Decken Sie die Händlerinformationen ab und versuchen Sie sich anhand von Summe und Datum zu erinnern, wo Sie eingekauft haben.

KAPITEL 5

TAGESRÜCKSCHAU

Wenn Sie Ihr biografisches Gedächtnis fördern möchten, sollten Sie Ihre Enkodierung verbessern. Eine gute Methode, dies zu tun, ist, die Geschehnisse des Tages abends noch einmal Revue passieren zu lassen. Dazu können Sie ein Tagebuch führen, es reicht aber auch, wenn Sie sich 5 Minuten nehmen, um den Tag im Geiste durchzugehen.

KAPITEL 6

NUN SEHEN SIE ES

Denken Sie sich Visualisierungen für jede Ihrer PINs aus, damit sie einfacher zu merken sind. Verbinden Sie zum Beispiel die Form jeder Zahl mit einem Objekt: Die eins könnte ein Stift sein, die vier erinnert an ein Segelboot usw. Sobald Sie für jede Ziffer ein passendes Objekt gefunden haben, verbinden Sie diese Objekte zu einem einprägsamen Bild, das Sie mit der entsprechenden PIN assoziieren. Dies könnte etwa die Farbe der Karte sein, zu der diese PIN gehört. So wird es Ihnen in Zukunft viel leichter fallen, Ihre PINs sicher abzurufen.

KAPITEL 7

SYSTEMVERLIEBT

Das systematische Erarbeiten von Informationen kann das Lernen viel effizienter machen. Nutzen Sie ein fünfstufiges System: 1. Kurze Durchsicht des Materials, um einen ersten Einblick zu erhalten. 2. Einen Fragenkatalog für später aufstellen. 3. Das Material mit dem Ziel, die Fragen zu beantworten, durcharbeiten. 4. Das Gelernte durch Wiederholung der wichtigen Punkte zusammenfassen. 5. Selbsttest nach 24 Stunden mit dem vorbereiteten Fragenkatalog.

KAPITEL 8

IMMER BESSER

Rechnen Sie stets im Kopf mit, wenn Sie etwas bar bezahlen. Gewöhnen Sie sich an, die Preise einzelner Waren immer schon im Kopf zusammenzurechnen und das Geld bereitzuhalten, damit Sie vorab wissen, wie viel Wechselgeld Sie in einer bestimmten Situation zu bekommen haben.

KAPITEL 9

LEBENSPLAN

Verwandeln Sie das Alltagsgeschehen in Diagramme. Jede Situation, in der sich eine Variable im Verhältnis zu einer anderen verändert und dies beziffert werden kann, lässt sich als Graph darstellen. So können Sie zum Beispiel verfolgen, wie sich Ihr Gehalt über die Zeit verändert oder Ihr Gewicht. Dies ist nicht nur eine gute Übung für Ihr Rechenvermögen, sondern sorgt auch für eine andere Perspektive.

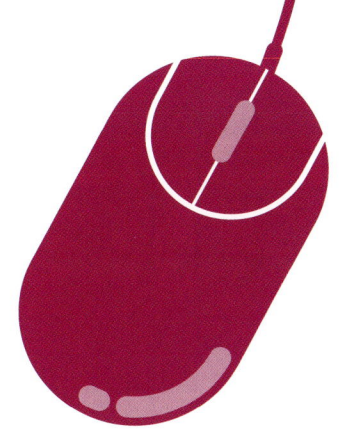

KAPITEL 10

HER MIT DEN BÜCHERN

Verbessern Sie Ihr Vokabular und Ihr allgemeines Sprachvermögen, indem Sie mehr Bücher, Zeitschriften und Zeitungen lesen. Halten Sie immer einen Notizblock bereit, um Wörter aufzuschreiben, die Sie später nachschlagen möchten, und gewöhnen Sie sich an, neu gelernte Wörter so oft wie möglich in Gesprächen anzuwenden.

KAPITEL 11

MAUS IM KOPFSTAND

Eine einfache und effiziente Übung, um das räumliche Denken zu trainieren – und die Aktivität des Kleinhirns (Cerebellum) anzuregen, das die Koordination kontrolliert – besteht darin, die Computermaus um 180° zu drehen und zu versuchen, in einem Zeichenprogramm ein Bild zu malen.

KAPITEL 12

LOGIK

Kryptografie ist eine Form des logischen Denkens. Beginnen Sie eine Brieffreundschaft mit verschlüsselten Botschaften und fordern Sie sich mit eigenen Codes heraus.

KAPITEL 13

MEDITATION FÜR KREATIVITÄT

Anscheinend hat die innere Verfassung einen starken Einfluss auf die Kreativität und die Fähigkeit zum kreativen Denken. Sorgen oder Ablenkungen schwächen die Kreativität, während Konzentration und ein klarer Kopf sie eindeutig steigern. Nehmen Sie sich täglich 5 Minuten Zeit, um genau zu beobachten, was um Sie herum geschieht. Verbinden Sie diese Ereignisse dann zu einer möglichst originellen Kurzgeschichte.

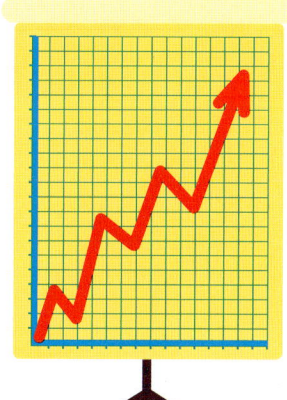

Lösungen

KAPITEL 1

2 WO HAST DU DIESEN HUT HER?

Die Baseballkappe ist der »Sonderling«, denn sie hat als einzige Kopfbedeckung einen Schirm.

6 WAS LÄSST SICH SCHNEIDEN?

10 IM KOPF GEMALT

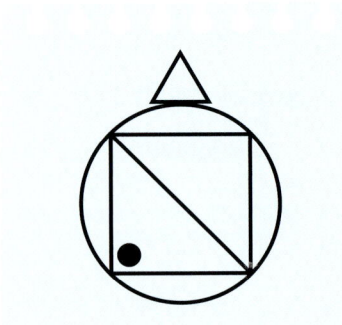

11 ENTENREIHE

14 SCHATZINSEL

Sie kommen an der roten Hütte heraus.

24 STÖRENDE OBJEKTE

Die Rolltreppe gehört nicht dazu, denn sie transportiert Menschen von alleine. Auf allen anderen müssen wir uns fortbewegen.

25 STÖRENDE ZAHLEN

Der Kreuz-Bube

KAPITEL 3

16 LINKS ODER RECHTS

Sie kommen an der Kirche aus.

KAPITEL 6

2 LEETSPEAK

A BULLDOGGE = |3|_|11|)*993

B XYLOPHON = %'/,1*IO#*|\|

C GEBURTSTAG = 93|3|_||27$7@9

D KALORIEN = 1<@1*|2!3|\|

E HOLSTENTOR = #*1$73|\|7*|2

3 BUCHSTABENREIHEN

A 4046 = rfvp;/rfvyhn

B 1979 = qazol.ujmol.

C 2005 = wsxp;/p;/tgb

D 8238 = ik,wsxedcik,

4 GRUNDSYSTEM

A AF1U1FA

B MMN20S

C MHH3E

D I80TUDW

5 SYSTEMVERLIEBT

A 5DULDS
B 7YCAGWYW
C 4DDWK
D 5MHGIM

6 PASSWORT NACH MASS

A gre8PEMDTIDT
B eve8PEMDTIDT
C y3k8PEMDTIDT
D leg8PEMDTIDT

7 BUCHSTABENTAUSCH

A 8PEEETIDT
B 8EEEDTIUA
C 8PEMDOUDT
D 8PEMATIET

8 GENAU MASS GENOMMEN

A gre8P
B eve8PEMDTI
C y3k8PEMDT
D leg8PEMD

11 ZAHLENREIHEN

A SDKE = 2383
B ILRS = 8942
C NSOW = 6292
D DKDL = 3839

15 BUCHSTABENPAARE PLUS

A ASBP = 0815
B TCJT = 9299
C WABO = 2014
D EPMG = 4526

19 NOCH MEHR REIME

A 1287
B 0645
C 2934

KAPITEL 7

1 QUIZMASTER

1 Indien
2 Beethoven
3 Atlantischer, Arktischer, Indischer, Pazifischer und Antarktischer Ozean
4 »Auf jede Aktion folgt eine Reaktion«
5 China
6 1917
7 Buzz Aldrin
8 Femur (Oberschenkelknochen)
9 Uruguay
10 Walt Disney (26 Oscars)

2 WAS VERBINDET?

Sie alle sind Binnenstaaten (sie haben keine Küste).

KAPITEL 8

1 KOPFRECHNEN

A 1221
B 13 203
C 246
D 3274
E 693
F 6612
G 11
H 13

2 WECHSELGELD

A 4,15 Euro
B 1,05 Euro
C 8,95 Euro
D 1,02 Euro

3 BÜCHERPROBLEM

Sie können *Geheimnisse der Tanten* und *Das Jahr des Yaks* kaufen (gesamt 16,98 Euro) und bekommen 52 Cent zurück.

4 SÜSS ODER SAUER

Lösung: 21

5 SIND SIE KOORDINIERT?

A $x = -2$, $y = -3$
B $x = 2$, $y = 9$
C $x = 7$, $y = 5$
D $x = 4$, $y = 1$
E $x = 6$, $y = -4$

6 GOLDENER SCHATZ

Vorher waren es 600 und 1400 Münzen, nun sind es 500 und 1500 Münzen.

7 WAS IST GRÖSSER? I

1 $7/8$
2 $3/4$
3 $2/3$
4 $9/16$
5 $2/5$
6 $5/15$

8 WAS IST GRÖSSER? II

1 $9/12$
2 $2/3$
3 $5/8$
4 $6/10$
5 $8/15$
6 $15/32$

9 DEZIMALZAHLEN UND BRÜCHE I

1 0,8
2 $2/3$
3 0,6
4 $2/6$
5 0,3
6 $1/4$

10 DEZIMALZAHLEN UND BRÜCHE II

1 $11/21$
2 0,5
3 $2/5$
4 0,333
5 0,275
6 $7/32$

Fortsetzung →

KAPITEL 8 Fortsetzung

11 SOCKENPUZZLE
Lösung: 20

12 TORTENSTÜCKE
A
1 ½
2 ¼
3 ¼
B
1 ¼
2 ⅙
3 ⅙
4 ⅙
5 ¼
C
1 ⅓
2 ⅑
3 ⅑
4 ⅑
5 ⅓
D
1 ¼
2 ⅛
3 ⅛
4 ¼
5 ⅛
6 ⅛

13 WELT DER STARS
Lösung: 75 % ¾ von 160 = 120; 90/120 = ¾ (75 %)

14 KLEINER BRUDER
Lösung: 6

15 KÄSE, BITTE!
A 12,10 Euro
B 14,10 Euro
C 18,19 Euro

16 HANNES KATZE
Lösung: 16

17 HARTE GELDNUSS
A 10
B 5
C 5
D 5

18 WIE SPÄT IST ES? I
A 9 Uhr
B 1 Uhr
C 20 Uhr
D 13 Stunden, 18 Uhr

19 WIE SPÄT IST ES? II
A 10.59 Uhr
B 10.17 Uhr
C 17.18 Uhr und 17.48 Uhr
D Stadtkino

20 ZAHL GESUCHT
Lösung: 9. Die letzte Zahl jeder Reihe ist die Summe der beiden vorherigen.

21 WÄHRUNGS-UMRECHNER
A $ 800
B £ 200
C £ 12,50
D € 250
E ¥ 25 000

22 GEWICHTE UND LÄNGEN
A 14 ÷ 2,2 = 6,36 kg
B 100 ÷ 2,54 = 39,37"
C 100 ÷ 30,5 oder 39,37 ÷ 12 = 3,28'
D 1 ÷ 1,0936 = 0,9144 m
E 3,28 × 0,9144 = 3'
F 1000 ÷ 28,35 = 35,27 oz
G 35,27 ÷ 2,2 = 16 oz
H 16 × 14 = 224 oz

23 FAHRRAD-SCHNÄPPCHEN
Der zweite Laden. Der erste Laden bietet das Fahrrad für 400 Euro an, der zweite für 350 Euro.

24 DJ-WETTSTREIT
Stück 13. Werners Liste: Stück 4, 7, 10 und 13, Michaels Liste: Stück 13, 9, 5 und 1.

KAPITEL 9

1 RECHNER KAPUTT
A –
B ÷
C +
D ×

2 PRIMA ZAHLEN
Lösung: 13, 17, 19, 23, 29, 31, 37, 41, 43, 47

3 ALLEN GEMEIN
Sie sind alle Produkte von Primzahlen: 5 × 5 = 25; 3 × 17 = 51; 7 × 17 = 119.

4 DURCHSCHNITTSÄPFEL
Lösung: 119,88 g. Zur Bestimmung des Durchschnittsgewicht müssen Sie das Gewicht aller Äpfel zusammenrechnen und es durch die Gesamtzahl der Äpfel teilen. Die Rechnung sollte etwa so aussehen: (67 × 112) + (32 × 98) + (125 × 132) + (16 × 102) = 7504 + 3136 + 16500 + 1632 = 28772; Äpfel = 240; 28772 ÷ 240 = 119,88 g

5 ZAHLENDREIECK I
Lösung: 16. Die Zahlen in der Mitte des Dreiecks sind jeweils das Produkt der beiden linken Zahlen, addiert zur Zahl rechts unten: 65 – (7 × 7) = 16

6 ZAHLENDREIECK II
Lösung: 4. Die mittleren Zahlen ergeben sich jeweils, indem man das Produkt der beiden linken Zahlen durch die Zahl unten rechts dividiert: (8 × 3) ÷ 6 = 4

7 ZAHLENKREUZ I

Lösung: 13. Die mittlere Zahl ist die Summe der Einzelziffern der beiden waagerechten wie auch der beiden senkrechten Zahlen:
4 + 2 + 1 + 6 = 13;
5 + 0 + 3 + 5 = 13

8 ZAHLENKREUZ II

Lösung: 10. Die mittlere Zahl ergibt sich, wenn man die Differenz der waagerechten Zahlen von der Differenz der Senkrechten Zahlen subtrahiert:
(42 – 26) – (31 – 25) = 16 – 6 = 10

9 ZAHLENFÜNFECK

In der rechten oberen Ecke beginnend, gegen der Uhrzeigersinn gerechnet und in der Mitte endend, ist jede dritte Zahl die Summe der beiden vorangegangenen Zahlen:
A 21 (13 + 8 = 21)
B 22 (34 – 12 = 22)
C 9 und 25 (66 – 41= 25;
25 – 16 = 9)
D 4, 8, und 20 (32 – 12 = 20,
20 – 12 = 8, 8 – 4 = 4)

10 ZAHLENQUADRAT

Lösung: 42. In jeder Reihe ist die letzte Zahl das Produkt aus der dritten Zahl und der Differenz der beiden ersten Zahlen:
(8 – 2) × 7 = 42

11 SEHR VERWINKELT

A 60°
B 50°
C 30°
D 1 = 55°; 2 = 90°
E 1 = 27°; 3 = 90°

12 FLÄCHENMASS

A 24
B 9
C 4
D 4
E Fläche = 28,26;
   Umfang = 18,84
F Fläche = 50,24;
   Umfang = 25,12

13 RAUMGRÖSSEN

Lösung: 49 m²

14 ALGEBRA-ALARM

A 0,50
B 6
C 3
D 5
E 4

15: ZEICHNE ES EIN

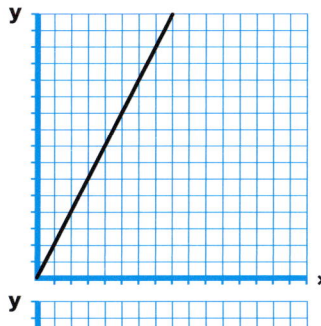

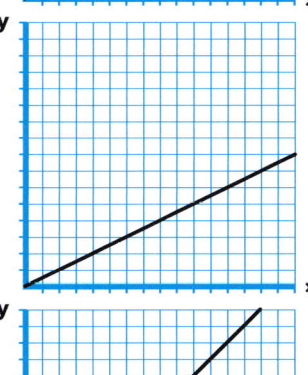

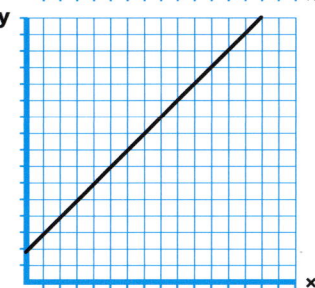

16 LERNKURVE

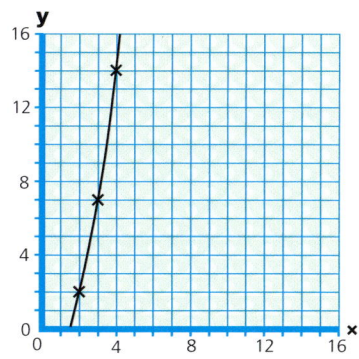

KAPITEL 10

1 VON A BIS Z

1 Apfel
2 Baum
3 Flasche
4 Kopfhörer
5 Krone
6 Leiter
7 Maus
8 Reißverschluss
9 Uhr
10 Xylophon

2 VON S BIS S

1 Spachtel
2 Spagat
3 Spaghetti
4 Spalier
5 Spaniel
6 Sparkurs
7 Spartakus
8 Spasmus
9 Spatel
10 Spaziergang

3 LÜCKEN FÜLLEN

Die Vogelscheuche **bewachte** das Feld, aber die Krähen **ignorierten** die Vogelscheuche und **zerrten** an ihrem Hut. Doch der Bauer **kam** mit dem Traktor und **schwenkte** **seine** Heugabel.

Fortsetzung ➡

KAPITEL 10 Fortsetzung

4 SYNONYME

A Kunstvoll und gekonnt
B Grazil und anmutig
C Gruselig und unheimlich
D Wendig und behände

5 SYNONYME DURCH VERGLEICH

A Verlogenheit
B Zerbrechlich
C Ampel
D Aufrichtig

6 ANTONYME

A Beharren und verneinen
B Infantil und reif
C Fördern und aufhalten
D Farbenfroh und trüb

7 ANTONYME DURCH VERGLEICH

A Begeisterung
B Zügellos
C Locker
D Zaghaft

8 WORTWERTE

Es gibt natürlich ganz viele korrekte Lösungen. Hier nur jeweils ein Beispiel:
A STAUMAUER
B QUERFLOETE
C BASTMATTE
D BART

9 WORTGITTER

INKONSEQUENZ

10 WAS PASST NICHT?

A GRUNDHAUT. Die anderen lassen sich durch Vertauschen der Silben in Worte verwandeln.
B ILBER. Die anderen lassen sich in Worte verwandeln, indem man den ersten Buchstaben gegen S tauscht.

12 AUF DEM KOPF GELESEN

A Als Festung, um Paris vor den Wikingern zu schützen.
B König Franz I.
C Ieoh Ming Pei.

15 OBSTSALAT

A Banane
B Grapefruit
C Gruenkohl
D Wassermelone
E Johannisbeere
F Pflaume
G Clementine
Grünkohl (C) passt als Gemüse nicht zu den anderen.

16 ANAGRAMM-FINDER

A Detektiv
B Monarchie
C Notizbuch
D Religion
E Schiedsrichter
F Erfindung

KAPITEL 11

1 FINDE DEN UNTERSCHIED

2 GRUNDRISS

Lösung: 47 m²

3 HARTE KOPFNUSS

Lösung: D. Die anderen Quadrate sind gedreht. D ist das Spiegelbild von C.

4 DIPLOMATISCHER FAUXPAS

Lösung: B. Das rote Quadrat ist gedreht.

5 HEFTIG VERDREHT

Lösung: E. Alle anderen sind unterschiedlich gedrehte, identische Paare: A und G, B und D, C und F.

6 SEITENVERKEHRT

Lösung: C

7 FALSCHER WÜRFEL

Lösung: A

8 AUSPACKEN

Lösung: D. Alle anderen können verschiedene Ansichten eines Würfels sein, nur hier passt die Anordnung der Seiten mit denen des Kreuzes überein.

9 WO BIN ICH HIER?

10 KARTOGRAF

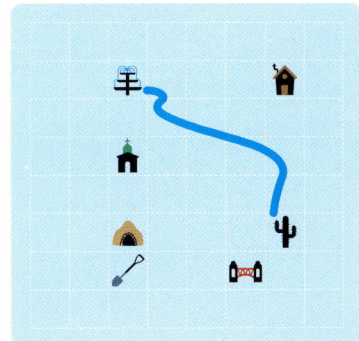

11 AB INS EIS

12 SCHIEBEPUZZLE

Lösung: B

13 SCHACHRÄTSEL

Lösung: 5

14 BILDFOLGEN I

Lösung: B

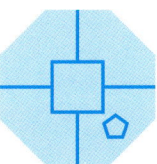

15 BILDFOLGEN II

Lösung: A

16 TURN MIT

Lösung: B. Pro Pose bewegt sich jeweils ein Arm um 45° nach unten, während sich ein Bein 45° nach oben bewegt. Dies geschieht abwechselnd rechts und links.

17 FORMENSPRACHE I

Lösung: C. Die violetten Formen haben eine vertikale Spiegelachse.

18 FORMENSPRACHE II

Lösung: B. Der blaue Kreis bewegt sich um je 1 Quadrat in der Diagonale, der schwarze Kreis sich von links nach rechts und das Dreieck von rechts nach links.

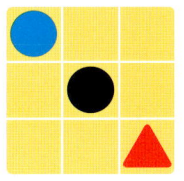

Fortsetzung →

KAPITEL 11 Fortsetzung

19 ALPHABET-WEG
Lösung: R

KAPITEL 12

1 WELCHES TIER FOLGT?
Stinktier (Abfolge: Streifen, Punkte, Streifen, Punkte – das nächste Tier muss also Streifen haben.)

2 MATERIALKUNDE
Diamant (Die Reihe geht vom geringsten Wert pro Gewicht zum höchsten Wert pro Gewicht.)

3 DER HEUTIGE TAG
Lösung: Freitag

4 QUER DURCHS ALPHABET
Lösung: I

5 ANALOG SCHLUSSFOLGERN
Lösung: D. 6 ist 2/3 von 9 und 2/3 von 12 ist 8 (D).

6 FRIEDENSBRINGER
C Leben. Die Zahlen beziehen sich auf die Positionen im Alphabet (F = 6/26, R = 18/26 usw.).

7 KAFFEEPAUSE
B: 1256161. Hier entsprechen die Zahlen ebenfalls der Position im Alphabet, aber in umgekehrter Reihenfolge (L = 12, E = 5, F = 6, P = 16, A = 1).

8 RECHT UND GESETZ
Dieb, Verbrechen, Festnahme, Gericht, Gefängnis, Bewährung

9 TIERWELT
Biber, Nagetier, Pflanzenfresser, Säugetier, Wirbeltier, Tier (Reihe der Klassifizierungen)

10 LUFT UND MEER
U-Boot, Dingi, Tragflächenboot, Drachen, Luftschiff, Jet (aufsteigend nach erreichter Höhe)

11 MUSIKER-GEWERKSCHAFT
Lösung: A

12 SPORTKLUB

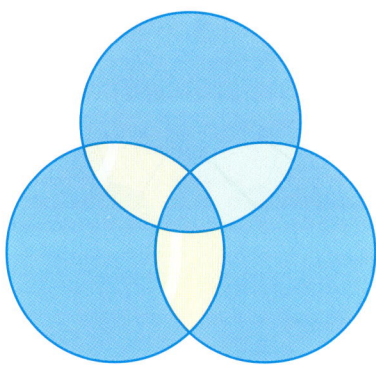

13 JOB-ANWÄRTER
Lösung: 3

14 BESCHÄDIGTE WARE
Lösung: 2

15 PIRATENSCHIFF
Lösung: 17

16 WAHR ODER FALSCH? I
Wahr: Das ist keine Fangfrage!

17 WAHR ODER FALSCH? II
Falsch: Bill kann groß sein und ich kann dennoch größer sein als er. Dieser Denkfehler heißt auch Affirmation der Konsequenz: Wenn aus A B folgt, folgt aus B nicht unbedingt A.

18 WAHR ODER FALSCH? III
Falsch. Nur weil aus A C folgt und aus B C folgt, folgt aus A noch lange nicht B.

19 WAS KOMMT JETZT?
ERFAHREN (Die Worte beginnen je mit dem vorletzten Buchstaben des vorigen Wortes.)

20 BUCHSTABEN-LOGIK I
DEFIJK. Bei den anderen fehlt ein Buchstabe, hier fehlen zwei.

21 BUCHSTABEN-LOGIK II
QDVHO. Die anderen liegen auf der Tastatur jeweils in einer Reihe.

22 SIEGER-CHAOS
Gold: Armitage, Silber: Beaker, Bronze: Owembe

23 WELCHE KARTE?
E und 9. Die meisten Menschen versuchen die Hypothese zu bestätigen und wählen E und 6. Die Hypothese besagt aber nicht, dass alle geraden Zahlen einen Vokal auf der Rückseite tragen.

24 SOCKENWAHL
Lösung: Wenn Sie drei Socken herausziehen, müssen mindestens 2 dieselbe Farbe haben. Die meisten Menschen sagen irrtümlicherweise 21.

25 GESCHENKPANNE

Sie müssen nur die »gemischte« Schachtel öffnen, denn schließlich sind alle Schachteln falsch beschriftet. Die »gemischte« Schachtel enthält also nur Likör oder Krokant. Enthält sie Likör, muss die mit »Likör« beschriftete Schachtel Krokant enthalten, da sonst eine der Schachteln richtig beschriftet wäre.

26 BUCHSTABENTAUSCH

TAL	[G]	WESEN
BUDE	[A]	HUND
TASTEN	[N]	KOSTEN
KAMM	[D]	LACHS
BEIL	[H]	GELD
BANDE	[I]	ROST

27 CAESAR-CHIFFRE

A ROEMER
B FLUESTERN
C GEHEIME
D BOTSCHAFTEN

28 GEHEIMBOTSCHAFT

GULQJHQG NRQWDNW KHXWH QDFKW WUHIIHQ

29 SCHWARZ UND WEISS

RCPFC [PANDA]
BGDTC [ZEBRA]
COUGN [AMSEL]
FCEJU [DACHS]
RKPIWKP [PINGUIN]
Die Buchstaben werden um zwei Schritte verschoben.

30 WO IST DAS »E«?

Text um 5 Schritte verschoben:
EINIGE ELTERN ERHIELTEN EIN EILIGES EINSCHREIBEN.

31 MORSE-CODE

A .... .- -. -..
B --.. ..- --.
C ... .--. . . .-.
D .-. .. -. -. .. .-.

32 NOTRUF

SOS AUF KORALLENRIFF GESTRANDET

33 ÜBER DEN FLUSS

Zuerst nehmen Sie das Huhn mit und lassen es am anderen Ufer. Dann holen Sie das Korn, setzen es ab und nehmen das Huhn wieder mit. Sie setzen das Huhn ab und nehmen den Fuchs mit. Zuletzt holen Sie das Huhn.

34 IN DER WÜSTE

Alle drei Kamele gehen los, aber nach einem Tag wird je ein Tagesvorrat Wasser auf die anderen zwei Kamele umgeladen. Das erste Kamel hat noch den einen Tagesvorrat für den Weg zurück nach Lager B. Einen Tag später wird ein Tagesvorrat Wasser von Kamel 2 auf Kamel 3 umgeladen. Kamel 2 hat noch 2 Tagesvorräte für den Rückweg nach Lager B. Ihr Kamel (3) hat nun noch 4 Tagesvorräte Wasser und Sie können Lager G erreichen.

KAPITEL 13

1 EIN WORT FÜR ALLE

A Frucht
B Bücher
C Schnell
D Papier
E Such

187

Nützliche Links

ALLGEMEINE INFORMATIONEN ZUM GEDÄCHTNIS

www.memoryxl.de/
Europäische Gesellschaft zur Förderung des Gedächtnisses

http://dasgehirn.info/denken/gedaechtnis/
Ein Projekt der Gemeinnützigen Hertie-Stiftung

www.spiegel.de/thema/gehirn

http://arbeitsblaetter.stangl-taller.at/
GEDAECHTNIS/
Dossier zum Thema Gedächtnis

http://vimeo.com/14723254
Gedächtnistest

https://de.wikipedia.org/wiki/Gedächtnis
Lexikonartikel mit grundlegenden Informationen

MNEMOTECHNIKEN UND GEDÄCHTNISTRAINING

www.lernen-heute.de/lernen.html

arbeitsblaetter.stangl-taller.at/
LERNTECHNIK/Mnemotechnik.shtml
Dossier zu Mnemotechniken, Gedächtnistraining, Gedächtnishilfen und -tricks

www.zmija.de/mnemotechnik

www.memoryxl.de/gedaechtnistraining-mit-mnemotechniken

www.ahano.de/gehirnjogging-gedaechtnistraining/

www.mental-aktiv.de/

http://www.bernhard-gaul.de/spiele/spiele.php
Große Sammlung von Spielen, Rätseln, Gehirn-Jogging-Aufgaben usw.

WEITERE LINKS

Kreativität

www.janko.at/Raetsel/index.htm
Große Rätselsammlung für verschiedene Gebiete

www.laterale.de/lateral.htm
Rätsel, die kreative Lösungen verlangen

www.denksport.de/
Seite mit klassischen Rätseln, Worträtseln und vielem mehr

www.aok-on.de/studierende/sport-spass/10-uebungen-zur-kreativitaet.html

www.zeitblueten.com/news/kreativitaetstechniken/

Denksport und Logik

www.hirnsport.de/denksport2/

www.raetselstunde.de/

www.denksport-raetsel.de/

www.denkspiele-online.de/

www.schneider-andre.net/raetsel/logikraetsel/

Zahlenrätsel

www.mathematik.ch/puzzle/

www.logisch-gedacht.de/zahlenraetsel/

www.zahlenquadrate.de/

www.land-der-woerter.de/sudoku/

www.raetselschmiede.de/zahlenspiel_e.html

www.sudoku-aktuell.de/

Namens- & Gesichtergedächtnis

www.teamgeisselhart.de/braintest/block1.swf

Zahlengedächtnis

www.memocode.de/

Kurzzeitgedächtnis

www.bernhard-gaul.de/spiele/kurzzeitgedaechtnis/kurzzeitgedaechtnis1.php

www.gedaechtnistraining.net/uebung/index.htm

Sprachvermögen

www.land-der-woerter.de/index.html

www.bookanddrink.com/kinder/raetsel/wortraetsel.htm

www.denksport.de/wortraetsel/kreuzwortraetsel/

www.onlinewahn.de/text-r.htm

www.symmank.de/analogien.htm

Räumliches Denken

www.fibonicci.com/de/raumliches-vorstellungsvermogen

www.der-eignungstest.de/testtraining-einstellungstest/wuerfel-test-vorstellungsvermoegen-praxistest.php

Register

Der Autor

Joel Levy ist Wissenschaftsautor und Journalist. Nach dem Studium der Molekularbiologie und der Psychologie an den Universitäten Warwick und Edinburgh hat er mehrere Bücher zum Thema Gedächtnistraining verfasst.

Der Illustrator

Keith Hagans abwechslungsreiche Karriere im Bereich Grafik umfasst Illustrationen, Spezialeffekte für Animationsfilme, Grafikdesign bis hin zu Kunstdesign. Zudem arbeitet er als Werbetexter.

Dank des Autors

Ich danke Lizzie Yeates und dem restlichen Team, das für dieses Buch verantwortlich ist: Angela Baynham, Miranda Harvey, Harriet Yeomans und Keith Hagan. Mein besonderer Dank gilt Dawn Henderson. Ich widme diese Buch Anne Hooper als Quelle der Inspiration und für heldenhafte Unterstützung.

Dank des Verlags

Der Verlag dankt Kate Fenton und Heather Matthews für die Design-Assistenz, Michele Clarke für die Indexerstellung, Claire Cross für das Korrektorat, Nikki Sims für die Überprüfung der Rätsel und Übungen und Roger Trevena für die Überprüfung der Rätsel und Übungen in den beiden mathematischen Kapiteln.